MW01378897

EL LEGADO DRACÓNICO

EL LEGADO DRACÓNICO

DRACÓNICO

Autoengaño. Autocompasión. Autosabotaje

Ivette Estrada

EDICIONES B
GRUPO ZETA

Barcelona • Bogotá • Buenos Aires • Caracas • Madrid • México D.F. • Montevideo • Quito • Santiago de Chile

El legado dracónico
Autoengaño. Autosabotaje. Autocompasión

1ª edición. Enero, 2010

© D.R. Ivette Estrada

© D.R. Ediciones B México, S.A. de C.V., 2010
Bradley 52, Colonia Anzures. 11590, México, D.F.

www.edicionesb.com.mx

ISBN: 978-607-480-064-7

*La fuerza y el poder del dragón se guardaron
en el corazón de cada hombre, para conferirle
respaldo y protección, pero la serpiente alada
también domina la mente de los seres inferiores.*

Principio de magia druida

*...y a veces el síndrome o cuadro clínico toma
el nombre de un ser mitológico o fantástico. Es el
epónimo el que reúne así a la fantasía con la realidad.*

Martín Municio,
La metáfora en el lenguaje científico

Contenido

Introducción

El desconocimiento de sí mismo y la negatividad, que las culturas milenarias atribuyen a la pérdida del alma, generan en la era digital autoengaño o ceguera ante la evidencia; autocompasión o mutilación del poder generador-creativo, y autosabotaje o destrucción. Sin embargo, la Tierra, Agua y Fuego, asociados a cada uno de ellos, les confieren de manera simultánea un sutil poder sanador: enterrar, purificar y renacer. La mítica figura del dragón personifica cada uno de estos síndromes para revelarnos su rol dual: protección-aniquilación.

Concebido como un cuento interactivo, *El legado dracónico* está estructurado conforme a los lineamientos de la psicoterapia analógica al emplear la metáfora. Así, el dragón representa cada síndrome. El contexto general remite a la magia celta y los paradigmas de los druidas, quienes reconocieron el poder dual del dragón en cada uno de nosotros. Sin embargo, en el texto también subyacen las creencias precolombinas acerca de la fuga del alma cuando el miedo domina al ser. Aunque los pueblos mesoamericanos creyeron que la manifestación de esto estaba en la desaparición de la sombra, después de la evangelización hispana el símbolo de cercanía con lo divino fue el ángel de la guarda.

No obstante, el origen metafísico de por qué aparecen los síndromes del dragón es irrelevante. Baste mencionar que en el extremo de las emociones-pensamientos y voluntad está el amor. Su contraparte es el miedo. Y esa somera aclaración nos remite ahora a que en la historia de la Psiquiatría se encuentra la tendencia a diagnosticar síndromes basados en la adaptación de figuras mitológicas, de reconocidos personajes, de cuentos de hadas e incluso de historias extraídas del folklore. Esto se realiza para caracterizar los hallazgos de la experiencia clínica considerados interesantes y originales.

De acuerdo con el psiquiatra Félix E. F. Larocca, tal tendencia se justifica al tener un fondo de riquezas culturales muy vasto. "Los psiquiatras de antaño también exhibían sus talentos multifacéticos personales y estéticos", señala el especialista. Él menciona que en los síndromes del dragón "se alude a un ser mítico con una dualidad extrema interesante que nos permite afrontar a un ente lleno de poder protector, por un lado, y de fuerte capacidad destructiva, en el extremo opuesto". Tal dicotomía caracteriza algunos síndromes como el de autoengaño, autocompasión y autosabotaje, ya que "en algunos momentos actúan como guardianes, pero de forma simultánea pueden generar grandes perjuicios". Esto último ocurre cuando el dragón-síndrome nos aparta de la realidad.

Confinarnos a la fantasía presupone en estos casos no un placentero recreo, sino el preámbulo a no ver evidencias en el caso del autoengaño, mutilar nuestro poder creativo si de autocompasión se trata y aniquilar futuro y metas si nos referimos al autosabotaje.

Ahora, no es sólo un afán de exhibición cultural el que incide en que los síndromes adopten nombres de seres míticos, como en este caso, sino que generan características que facilitan el autoreconocimiento al dotar un cuadro clínico, ambiguo, intangible, de una personalidad que le confiere mayor materialidad, identificación y manejo. "El nombre a un síndrome no es fortuito. El azar no tiene nada que ver cuando se detectan analogías", dice el psiquiatra. Ante esto, ¿qué tienen que ver los dragones con los síndromes de autoengaño, autocompasión y autosabotaje? El rol dual que cada uno de ellos desempeña. Tanto síndromes como dragones pueden ser protectores o destructores. El papel generador o aniquilador que asumen depende en gran parte del conocimiento que se tenga de cada uno de ellos.

Antes de abundar en esto, debe remarcarse que al dotar de "personalidad" al síndrome o cuadro clínico y convertirlo en un ser mítico como el dragón, sus características y actuaciones son más fáciles de identificar. El personaje, entonces, actúa como una metáfora de autoconocimiento que descubrirá nuestra esencia, fantasmas y miedos. Se establece así el primer paso a la resilencia.

Al personificar un síndrome, la caracterización resulta menos compleja y es más fácil asimilar y descubrir, pues estos "dragones" se infiltran en nuestra vida en determinados momentos o es posible que ya tengan mucho tiempo a nuestro lado y estén soterrados por el desconocimiento. En este último caso, posiblemente su rol inicial de cuidarnos ya dio paso a una aniquilación silente. Llegó entonces el momento de actuar. De conocer al dragón y determinar sus pautas de actuación para convencerlo de actuar a nuestro favor.

Así, el lector primero construirá una llave con la que podrá ingresar a un castillo singularísimo, cuya estructura nunca será igual, porque cada uno es el arquitecto. Se deambulará entonces en el mundo de las leyendas y ahí se encontrará a los tres dragones: autoengaño, autocompasión y autosabotaje.

De cada uno de ellos, el lector conocerá casos reales, arquetipos, color y disfraces; estudios que lo identifican con determinado género, edad, nivel sociocultural y profesiones. También apreciará la fisiología del dragón o un acercamiento a los complejos, patologías y fisuras de la autoestima que generan el síndrome y factores que inciden en él, así cómo metodología para determinar los antídotos y recomendaciones para controlar al "síndrome-dragón".

Pero, ¿qué es un dragón? Es un ser mitológico que de acuerdo con cada una de las culturas asume diferentes características y roles. Popularmente en Occidente aparece como un ente lleno de misterio y poder.

Montse Sant, en *El gran libro del dragón* que ilustró Ciruelo, conceptualiza al dragón como un amante de los acertijos a quien "nada le enfurece más que ser tomado a broma por los humanos... Si lo avergonzamos, se retirará a su refugio muy azorado y se negará a cualquier trato con nosotros. Pero si le hablamos con discreción y le demostramos que somos capaces de guardar sus secretos, alcanzaremos un gran ascendiente sobre él y lograremos que nos acepte". Existen tres grandes familias de dragones: de Tierra, Agua y Fuego. El dragón es un ser muy versado en su magia y su práctica. La música es uno de los pasatiempos favoritos del dragón, que suele vivir en cavernas y cuevas naturales que se adaptan a sus necesidades".

Dragón de autoengaño

Autoengaño: Ver lo que existe y negar su significado. Las evidencias se pasan por alto.

Se trata de una respuesta automática y subconsciente. No se trata de una mentira aislada. De hecho, se cree que una mentira reiterada y sostenida se transforma en autoengaño cuando se pasa a nivel inconsciente. Entonces las señales de que alguien miente prácticamente desaparecen.

La explicación a este fenómeno la establece Daniel Goleman en *Psicología del Autoengaño*. Ahí asevera que mecánicamente, ante un peligro inminente, se bloquea el dolor para asegurar la supervivencia. Ejemplifica con un hombre que fue mordido por un león y éste, años después, se percató que en el momento del ataque no sintió terror. Parecía "anestesiado". Y es precisamente este estado el que le permitió huir y salvar su vida. Ese mismo esquema opera en el autoengaño: el dolor (ya no físico, aquí se incluye el psicológico y social) se remite al inconsciente.

El autoengaño puede considerarse una forma de ilusión, fantasía o natural fabulación que empleamos en el día a día para interrelacionarnos. Sin embargo, se considera patológico en los casos de trastornos adaptativos, somatomorfos (una condición en la cual el dolor y los síntomas físicos que una persona siente se relacionan con factores psicológicos y estos síntomas no pueden asociarse con ningún tipo de causa física específica). Se considera también patológico cuando involucra fenómenos disociativos, de la conducta alimentaria o facticios, cuando producen signos de una patología médica o mental de forma intencionada y tergiversa sus historias o síntomas con la única finalidad de la adquisición del rol de enfermo, y/o la hospitalización.

Son autoengaños patológicos también los de la personalidad, adicciones, simulación, trastornos de estado de ánimo, incumplimiento terapéutico, duelo, problemas de identidad, biográficos, etcétera. Es decir, se pasa de un autoengaño "tolerado o social" cuando pasa a formar parte de las neurosis e incluso psicosis, sobre todo las de tipo paranoide que incluyen las esquizofrenias porque dañan la parte conservada de conexión con el mundo real.

Aquí cabe una observación: todo autoengaño representa un peligro en sí mismo porque ya nos alejó de una realidad concreta —la de este plano físico y tridimensional— al ser parte del mundo inconsciente y, por ende, onírico y de ensoñaciones. Lo importante, por lo tanto, es el manejo que se establece con este autoengaño. ¿Es un guardián? ¿Es un destructor?

Trastornos alimenticios como la anorexia o la bulimia son un ejemplo de autoengaño. En su papel protector, el dragón trata de evitar el dolor tanto físico como moral, social o psíquico. Es factible entonces que alguien que padece un desorden alimenticio evite con esta conducta el percatarse de desamor o no aceptación en su entorno. Empero, el rol destructor del autoengaño evita enfrentar una realidad o diluir las posibilidades de solución e, incluso, paliativos al verdadero dolor o "raíz" del problema. En este caso ficticio concreto, en el que subyace un problema de no aceptación en un núcleo social determinado, la solución podría ser sublimar mediante el arte o habilidad específica concreta. Sin embargo, la solución inmediata, no razonada, es "no me quieren por ser gorda". El autoconocimiento conlleva a determinar prioridades, gustos, anhelos, temores, complejos... y a encauzar a nuestros dragones. Actuar desde lo superficial e inmediato implica despertar la parte destructora. El autoconocimiento genera la protección y crecimiento.

DRAGÓN DE AUTOCOMPASIÓN

Autocompasión: Asumirse como víctima.

Cuando nos encontramos en situaciones en las que se produce una desgracia o una torpeza, no podemos esperar siempre que los demás nos comprendan. De ahí que en situaciones difíciles nos compadezcamos de nosotros mismos. Lo que ocurre es que hay personas que se exceden en su autocompasión y eso hace que acaben sumidas en un estado de desesperanza, producida por la percepción constante de su incapacidad. Uno se siente perdedor y no puede dejar de perder.

La reacción ante todo lo que le perjudica en la vida se puede concentrar en la queja: "¿Qué he hecho yo para merecer esto?" En la mayoría de las ocasiones, la respuesta sería que se generó debido a su pasividad, resignación, forma de pensar negativamente y fatal tendencia a centrarse en sí mismo. También suele darse en este tipo de personas la tendencia a culpar al destino o a otras personas sobre las cosas que no han ido bien.

Las personas que constantemente se autocompadecen están convencidas de que son las únicas que sufren los sinsabores de la vida, que su destino nunca les deparará nada bueno y, ante la mínima dificultad o contrariedad, reaccionan con toda una serie de quejas y lamentaciones.

Es lo que se conoce, en términos psicológicos, como "abstracción selectiva". Por poner un ejemplo clarificador, imagina que tu campo visual (todo lo que ves cuando miras hacia el frente) está formado tanto por los acontecimientos positivos como negativos de todo tipo que te suceden durante un día. La persona que se autocompadece, ve únicamente una pequeña porción de esa realidad que es su vida cotidiana y que, además, está repleta de hechos negativos. Es decir, inconscientemente deja de percibir que en su vida suceden muchos hechos positivos, porque su atención está exclusivamente centrada en aquellos sucesos que confirman su incompetencia.

Tender a compadecerse excesivamente de sí mismo agota y debilita; socava la confianza en uno mismo, desanima, aísla y provoca que los demás lo eviten. Además, acaba convirtiéndose en una costumbre y la persona entrará dentro de un círculo vicioso, del cual será muy difícil salir.

Cuando una mujer que acaba de enviudar, madre de cuatro niños, se sume en la autocompasión, es hasta cierto punto justificable. El dragón protector actúa cuando permite el propio fortalecimiento para lograr afrontar la realidad después de determinadas situaciones. "Lamerse las heridas antes del combate". En este caso, es recomendable el periodo de duelo para después reorganizar la vida familiar con la premisa de que hay que trabajar todo el tiempo y no la jornada parcial para cubrir gastos de la casa, pero también requerirá diferentes arreglos para cuidar a los niños.

El aniquilamiento de la personalidad, rehusar ser causa y perder poder es el papel que juega el Dragón de la Auto-compasión.

Dragón de autosabotaje

Autosabotaje: Conductas que bloquean el éxito en determinadas decisiones y empresas. Está definido por el miedo. Miedo al éxito, al cambio, a no cumplir expectativas, a no poder. Hay autores que lo consideran "nuestro niño herido".

Al tratar de hacer algo o de lograr un objetivo, sin tener éxito, en ocasiones evidencia que en dichos fracasos uno mismo jugó un papel esencial al hacer o dejar de realizar algo crucial para lograr la meta establecida. A estas conductas que impiden la autorrealización se les llama conductas de autosabotaje. Estos son algunos ejemplos:

- Tienes que hacer un trabajo importante que te va a permitir un ascenso y de repente empiezas a estar "muy ocupado", comienzas a hacer cosas en tu casa, a arreglar el coche, a hablar por teléfono… y no tienes tiempo para hacer el trabajo, o cuando menos para hacerlo bien.

- Esperas una llamada muy importante de una persona que puede mejorar tu vida, y se te olvida prender tu celular.

- Te preocupa tanto quedar bien con la gente o evitar ser criticado por los demás, que nunca haces lo que a ti te gustaría hacer.

- Estás en un tratamiento médico, y constantemente se te olvida tomar tus medicinas.

- Estás a dieta, pero la rompes constantemente diciéndote: "Ahora sí el próximo lunes la empiezo bien".

- Te inscribes en un curso de computación y "se te hace tarde" o no puedes ir a muchas de las clases.

- Discutiste con tu pareja, por lo que le compras un pequeño regalo, y se te olvida en tu casa u oficina.

Si tales errores suceden con frecuencia, o si por algún motivo que no conoces quieres hacer algunas cosas y no puedes, o te esfuerzas en lograr determinados objetivos y no los obtienes, es muy probable que te encuentres en un caso de autosabotaje.

El autosabotaje opera a nivel inconsciente, y así siempre tenemos una justificación, aparentemente lógica, que explica nuestro comportamiento.

Una persona con un evidente sobrepeso, que continuamente rompe las dietas y encuentra múltiples motivos para ingerir cada vez más alimento, so pretexto de "me baja la presión, estoy muy extenuada, tengo mucho desgaste, padezco un frío excesivo…" Es un autosaboteador.

Ahora, el boicotear nuestros objetivos, ¿tiene un papel protector? Sí. Actúa como un dragón protector cuando el costo por obtener algo implicará un alto coste para nosotros o cuando el "fracaso" genera una ganancia secundaria. Por ejemplo, una mujer con evidente sobrepeso y dietas truncas continuamente, confesó que el tener un cuerpo obeso le aseguraba que no recibiera acosos ni propuestas indecorosas por parte de sus superiores o compañeros de trabajo. Ella laboraba en una empresa gubernamental donde el 90% del personal era masculino y se consideraba esencial "complacer sexualmente" para continuar en la nómina. El papel destructor, por otra parte, es la no realización y postergación de logros.

Nuevamente se enfatiza la importancia del autoconocimiento y la profunda reflexión para determinar quiénes somos, qué queremos, cómo lo queremos y cómo podemos lograrlo. Así, el dragón podrá proteger y no destruir al tener una visión más realista, amplia y verdadera. Para concluir con el ejemplo citado: no era necesario preservar la obesidad sino prepararse para tomar otro trabajo en el que se valoraran las capacidades.

La reflexión y el autoconocimiento serán los factores que generen pautas de acción y determinen cómo actuará nuestro dragón: como protector momentáneo o lo dejaremos destruir. El rol lo determina uno mismo basado en el autoconocimiento.

El legado dracónico representa una llave al autoconocimiento, pues más allá de lo que psicológicamente se plantee, realmente ¿qué desea cada uno de nosotros?

Después de esta reflexión, llega el momento en el que el lector conocerá el antídoto, el sortilegio y el don, que son la autoestima, el optimismo y el verdadero poder, respectivamente: las claves para seducir a nuestros dragones internos. El retorno a la vida cotidiana se aproxima. Se hallarán entonces duendes, las referencias bibliográficas que te guiarán a nuevas aventuras y encuentros. Con ello finaliza así la primer parte de un viaje. La otra senda inicia al cerrar el libro, porque la realidad, gracias a ti, se podrá modificar.

DRAGÓN	AUTOENGAÑO	AUTOCOMPASIÓN	AUTOSABOTAJE
Color	Negro	Café	Rojo
Elemento	Tierra	Agua	Fuego
Razón	Sepulto dolor	Ahogo incomprensión	Quemo imposibles
Personajes emblemáticos	Madame Bovary, El Quijote de la Mancha, Hitler, Dr. House	Gutierritos	
Característica	No veo evidencia	Pobre de mí	No merezco
Patologías asociadas y/o identificadas con el síndrome del dragón	Disfunciones sexuales, anorexia y bulimia, parasomnias, trastor-	Disfunciones sexuales, trastornos adaptativos, trastorno equizo-	Parafilias, trastornos de identidad sexual, disomnias y parasomnias,

DRAGÓN	AUTOENGAÑO	AUTOCOMPASIÓN	AUTOSABOTAJE
Patologías asociadas y/o identificadas con el síndrome del dragón	nos adaptativos, trastorno paranoide, trastorno narcisista, trastornos disociativos	típico, trastorno por dependencia, trastornos depresivos, trastorno distímico, trastorno bipolar, trastorno ciclotímico y trastornos somatomorfos como los de somatización, conversión, por dolor, hipocondría, dismórfico y trastornos facticios.	trastornos adaptativos, trastorno paranoide, esquizoide, esquizotípico, antisocial, trastorno histriónico, obsesivo-compulsivo, crisis de angustia, agorafobia, fobia específica, fobia social, trastornos obsesivo-compulsivos, por estrés postraumático, por estrés agudo, trastornos facticios.
Profesiones más propensas	Política, ventas, relaciones públicas	Médicos, maestros, asistentes sociales	Artistas y científicos
Lo negativo	Desconectarse de lo real	Ceder control de la propia vida	Fracaso
Lo positivo	Embellecer la vida	Oportunidad de vivir el duelo	Redefine objetivos

Una oración llena de amor para que este viaje sea enriquecedor para ti.

La llave

La oración debería ser la llave del día y el cerrojo de la noche.

Thomas Fuller

Hay objetos que trascienden su función utilitaria, se convierten en íconos y son copartícipes de las leyendas. Así, algunos artefactos pueden conformar un emblema más allá de lo tangible. La llave, por ejemplo, primero se limitó a abrir arcones y roperos, también puertas, secreteres y cajas. Casi sin proponérselo adquirió un halo de magia y misterio. Su vulgar oficio adquirió funciones espectaculares e incluso sacras: abrir cofres de tesoros, mundos no conquistados; portones de palacios, la cerradura donde se guarda el santo grial e incluso el reino de los cielos. La intersección o puente entre "abrir" y "caja" se destinó a la llave.

Abrir es una palabra rica en connotaciones: descubrir, entrar, dar, padre, conciencia, espíritu. Se trata de un poder masculino. La caja, en cambio, remiten a interior, recibir, guardar, madre, inconsciente, alma. El poder femenino. La llave, como puente entre tales dicotomías, es andrógina. Su carácter asexuado e imparcial incrementa el poder entre el imaginario popular y así resulta fácil hablar de llaves para abrir objetos inverosímiles como corazones, castillos encantados e incluso la remembranza.

No sólo eso. Los druidas confiaban en que existe una llave que nos permite acceder a nuestros anhelos: la gratitud. Como todo el legado de la antigua civilización celta, tal conocimiento se transmitió oralmente, pero existen vestigios en los cantos rescatados por el filólogo y escritor J.R.R. Tolkien, donde se documenta que antes de pedirle algo a Dios o a la vida, dale gracias por lo que tienes. Así "…el deseo deja la imaginación y se vuelve verdad cuando la buenaventura ya es una realidad para ti". Bajo esa premisa, está ideada la llave que vas a construir para poder entrar al castillo y conocer a los tres dragones.

Vale remarcar que cuando escribes un libro, abres compuertas de conocimientos, ideas y pensamientos que no son tuyos, son de otros, pertenecen a todos y quien realmente escribe es La Luz. Para que quien lo lea capte para sí algo valioso, la primera palabra que debe aparecer es "gracias", porque en este momento tendré la posibilidad de captar las ideas desperdigadas en el mundo sutil, engarzarlas en palabras y entregártelas a ti.

"Gracias" es una palabra llena de magia, porque nos remite a Dios. Cuando recibimos un bien o servicio, con un "gracias" le recordamos a nuestro benefactor que él posee dones de Dios y también su esencia divina. Es el halago más hermoso que podemos otorgarle a nuestros semejantes, por eso cuando se pronuncia siempre debe realizarse enfáticamente, con el reconocimiento de lo que estamos diciendo. De no ser así, la palabra se desgasta y pierde poder. En cambio, cuando se pronuncia como sinónimo de "te reconozco como hijo de Dios", "gracias" representa un llamado a la prosperidad, a la alegría y a todas las cosas buenas que ya existen o imaginamos.

Todas las civilizaciones en diferentes momentos realizan rituales de agradecimiento a la vida y sus deidades por los acontecimientos felices. Sin embargo, existen algunas maneras de dar las gracias permanentemente a Dios, La Luz, El Principio o como quieras llamarle. El agradecimiento perenne consiste en:

- Visualizar la inmensa riqueza existente en el universo. Si no tienes la noción de inmensidad, cuenta entonces las estrellas, los granos de arena, las gotas de lluvia, las hojas de un árbol...

Una recomendación más: hasta que tengas muy clara la percepción de inmensidad y riqueza, trata de no ver televisión, escuchar radio o leer los diarios. ¿Te parece extraño? Cuando estudiaba periodismo, alguien me dijo que era una profesión que comerciaba con el caos. En ese momento me sentí ofendida, pero al analizar el peso de las malas noticias sobre las buenas, comprendí el concepto. No tú, ni yo, ni nadie podemos envenenar nuestra percepción de la vida y naturaleza. La prosperidad y abundancia son la verdad.

- Bendecir el bien en cualquier situación. No importa qué tan difícil te parezca un hecho determinado, no es necesario que sepas al instante qué es lo bueno que genera determinado acontecimiento en apariencia negativo. Limítate a bendecir el bien en ese hecho. Más pronto de lo imaginado descubrirás las cosas positivas derivadas de ello, y al bendecir algo lo multiplicas. Se trata de un agradecimiento silente o tácito porque confías en la fuente de todo bien siempre, sin importar lo que ocurra.

- La felicidad está presente en este momento. No postergues la felicidad. No procrastines la celebración de la vida. ¡Vive y disfruta cada instante! Todos los momentos resultan sublimes si los vives al máximo. Si lees, hazlo con el corazón; si oras, hazlo con todo tu ser; si meditas, entrégate completamente; si amas, no reserves nada. La vida es ahora ¡y es maravilloso que tú y yo podamos estar en este plano material en este momento!

- Abrir el día y cerrar la noche. Basta con decir: "gracias por el sol de este día" en el momento de despertar y enumerar siete acontecimientos por los que debas dar gracias en este día antes de dormir.

¿Por qué es importante dar gracias? Porque la gratitud es la oración más bella que puedes darle a Dios y a la vida, pero también porque genera un estado de amor y serenidad propicio para hallar la fortuna y conocer a tus guardianes. Para esto, ahora te adentrarás en un castillo encantado, más maravilloso que el imaginado.

¿Tienes la llave?

Recuerda: la gratitud es la llave. Podemos agradecer muchas cosas: momentos, suerte, oportunidades o regalos de la vida, por decir algunos ejemplos. Empero, lo más gratificante es el contacto que establecemos con los demás. Cada relación es sagrada y única en este plano existencial.

El siguiente es un esquema de constelaciones de gratitud que nos permitirá ubicar a quienes debemos agradecer algo especial.

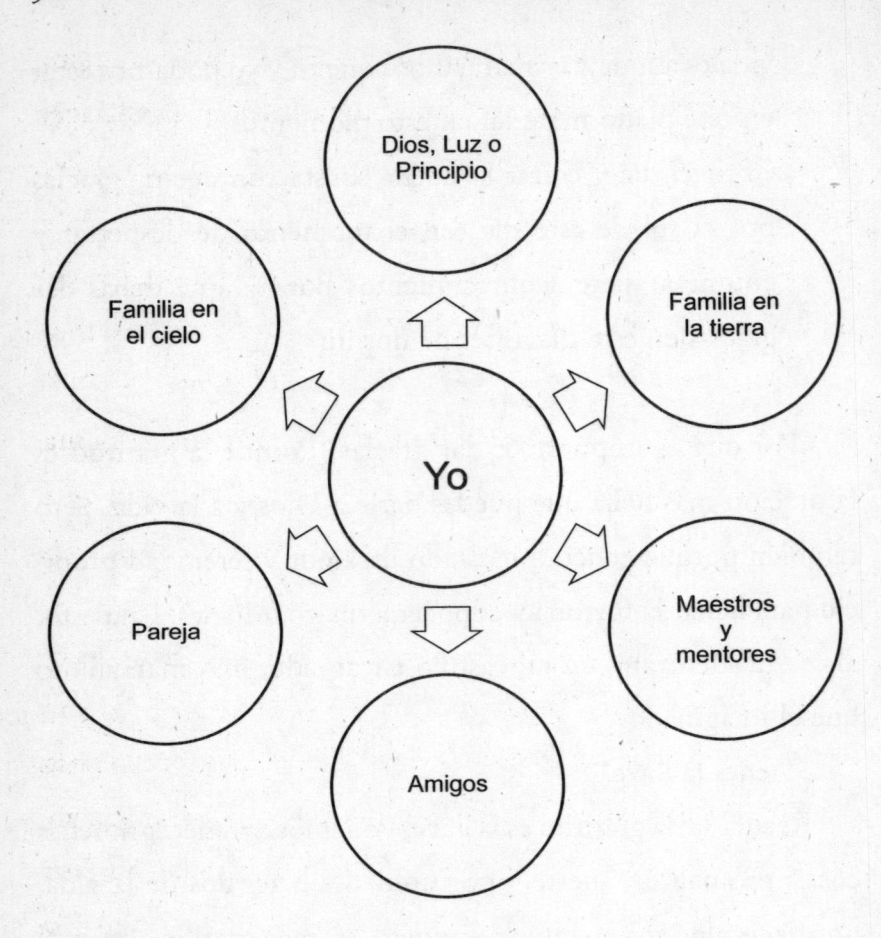

Nuestro primer agradecimiento siempre debe ser la fuente de todo bien: Dios, Verdad, Principio o como quieras llamarle. "Dios es todo. A él le debo todo".

La familia en el cielo está formada por todos los seres que ya no están en este plano material pero que te legaron amor, bondad, principios o simplemente buenos momentos. En esta esfera están tus antepasados que desde el cielo te bendicen y cuidan. Los ángeles también están en esta esfera. "Ustedes siempre vivirán en mi corazón".

Tu familia en la tierra la integran las personas más importantes y significativas con las que compartes momentos sagrados y relevantes. No necesariamente tienen que pertenecer al mismo árbol genealógico o compartir el ADN. Tampoco es necesario que sean miembros de familias nucleares (padre, madre e hijos) o extendidos (abuelos, bisabuelos, tíos, primos, sobrinos, nietos…). Lo importante, realmente, es que la familia satisfaga nuestras necesidades anímicas de seguridad, orientación, pertenencia y tradición. Para fines prácticos, vale decir que en muchas ocasiones tales roles los asumimos con quienes compartimos grandes trechos de la vida cotidiana.

Mi familia, por ejemplo, la integran mi mamá, Paty, Nury, Fer, Arturo y Hanna. Serían necesarias cientos de páginas para enumerar por qué son personas especiales para mí, pero baste decir que a mi mamá le agradezco que su sola presencia me hable del inmenso poder del libre albedrío, porque me hizo elegirla entre todos los seres de luz como mi guía y bendición en esta vida. Ella, para mí, es una enorme bendición.

Paty es una lógica-intuitiva que todos los días me enseña lo prodigiosa que es la vida. Nury es dharma y "el ente correcto". Fer es un ejemplo de que los milagros existen. Con Arturo he compartido otras vidas como mi amigo. Hanna es la princesita más bonita de todos los cuentos. Le doy gracias a Dios por tenerlos a ellos, mi familia.

Pareja, por otra parte, es una palabra que alude a tu referente de amor. Generalmente se asume que están implícitos factores como romance, pasión, compañerismo y compromiso. Tales conceptos son tan variables como personas existen en el mundo. Hay quien dice que constituye la sal de la vida, pero a veces un caminante del siglo XXI puede ser también azúcar, fruta y vino. Gracias, Pablo, por ser parte de mi vida.

La amistad, por otra parte, se "extiende sobre un largo continuo de intensidad, desde el auténtico compañero del alma hasta el vecino…", para expresarlo de acuerdo con el místico Thomas Moore. Lo que aquí se implica es un referente de confianza e intimidad que presupone más libertad en relación a nuestro núcleo familiar. Admiración y confianza son esenciales en este tipo de relación. Me siento afortunada porque siempre he tenido grandes y maravillosos amigos en mi vida. Todos ellos son diferentes y aportan factores esenciales al concepto personalísimo de amistad. Sin embargo, son esenciales para mí. Gracias Paul por compartir su mundo mágico conmigo, Tere por recordarme siempre verdades que enriquecen el espíritu, y Claudia y Fredhel por su optimista alegría.

Finalmente están nuestros maestros o mentores: quienes te apoyan en tu realización profesional o cumplimiento de tu contrato divino. Maestros, conferencistas, periodistas, educadores, coaches y similares, son profesionistas que tienen la oportunidad de ofrecer orientación y guía a los demás. Sin embargo, siempre habrá personajes "mágicos" en la historia de cada uno de nosotros. Son personas a las que recordamos con cariño y gratitud porque nos dieron algo muy significativo en

algún momento de nuestra vida. Daniel, un hombre inteligen-
tísimo, es quien un día ideó tres autos que en la pista de la vida
se transformaron en dragones. Y Carlos Graef me permitió
escribir este libro y cumplir así un paso más de mi contrato
sagrado. Con él cierro esta constelación de agradecimientos.

Mi llave está lista. Permíteme ahora ayudarte a construir
la tuya:

1. ¿Qué concepto tienes de Dios, el Principio, Luz o la
   Verdad y Vida?, ¿qué es lo más significativo y hermoso
   que te ha dado, al grado de sentir que con ello todo
   adquiere un sentido? Si pudieras hablar con el Creador
   del Universo y dueño de toda la riqueza y Amor del
   mundo, ¿de qué te gustaría darle gracias?

2. ¿Hay algún familiar que ya no esté en este plano
   material, al que recuerdes con gran amor y cariño?, ¿es
   posible que tengas una noción de cómo es o sientes
   a tu Ángel de la Guarda?, ¿alguna vez has imaginado
   que tienes cerca a los seres de luz? Si tuvieras que elegir
   un objeto para obsequiárselo a ellos, ¿cuál sería éste
   y por qué?

3. De todas las personas con las que has vivido, ¿con cuáles
   de ellas sientes amor o un gran cariño y mucha gratitud
   por todo lo que te dan o te ofrecieron en su momento?
   Amor, compañerismo, comprensión, seguridad, alegría,
   ejemplo o nuevas perspectivas de la vida son grandes

valores que deberás aquilatar para realizar tu elección. Una vez que la tengas, emite por escrito o sólo en tu pensamiento qué es lo que debes agradecer a cada una de estas personas. Recuerda que todos los seres son únicos, así que descubre el valor intrínseco en cada ser.

4. Piensa en personas afines a ti. Son a las que identificas con un alto grado de aprecio. Tus amigos. Aquellos con los que puedes disfrutar un momento, tomar de la mano, reír, hacerles confidencias o rezar. Son quienes te han ayudado a encontrar quién eres en realidad, porque te ven más bello, sabio, fuerte y capaz de lo que tú en un momento dado creíste ser ante un momento o circunstancia determinada. ¿Quiénes ostentan la privilegiada categoría de ser tus amigos en esta vida?

5. ¿A cuál persona que atribuyes una cercanía mayor a ti en relación a cualquier otra?, ¿a quién amas?, ¿a quién le entregas el corazón o riqueza del inconsciente al nombrarla en silencio?, ¿quién es el ser que forma parte sustancial en lo que eres?

6. ¿Quiénes son tus Maestros de luz en este plano material?, ¿quiénes han sido fundamentales para que encuentres cuál es tu misión en esta vida o infieras cuál es tu contrato sagrado?

Tu llave casi está lista. Faltan algunos detalles que lograrás al complementar las siguientes frases:

Me gusta mi país porque _____

_____

_____

Soy afortunada de vivir en este momento de la historia
porque _____

_____

_____

Una forma infalible de dar felicidad a los demás es _____

_____

_____

Las cosas por las que estoy feliz en este momento son _____

_____

_____

Lo que más me gusta de mi aspecto físico es _____

_____

_____

El regalo más importante que puedo darle a un anciano es

_____

_____

_____

_____

Recuerdo que me admiraron cuando _____

_____

_____

_____

Fui compasivo cuando _____

_____

_____

_____

Finalmente recuerda: puedes olvidar todo, menos la gratitud. Y aún en los momentos más difíciles debes encontrar el bien que se halla en lo más aciago, pues sólo de esta forma podrás ver la luz de nuevo.

Posees ya la llave para ingresar a un castillo bellísimo y único: te adentrarás en ti mismo.

El castillo

Uno no puede ver nada hasta que comprende...

Robert Fisher,
El caballero de la armadura oxidada

Una de las edificaciones ligadas en el imaginario popular a los dragones son los castillos. La palabra "castillo" procede del latín *castellum*, que significa "fuerte". Es una acepción que se refiere a una fortaleza, pero también remite a la fuerza que está en nuestro ser.

La construcción medieval propiedad de un príncipe o noble, constaba de varias estructuras que pueden verse en las siguientes figuras.

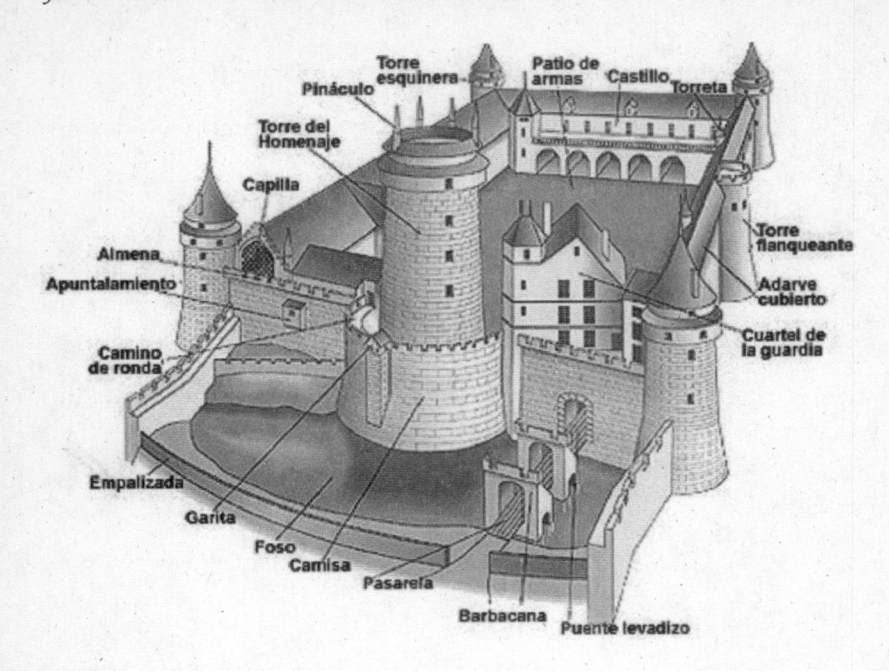

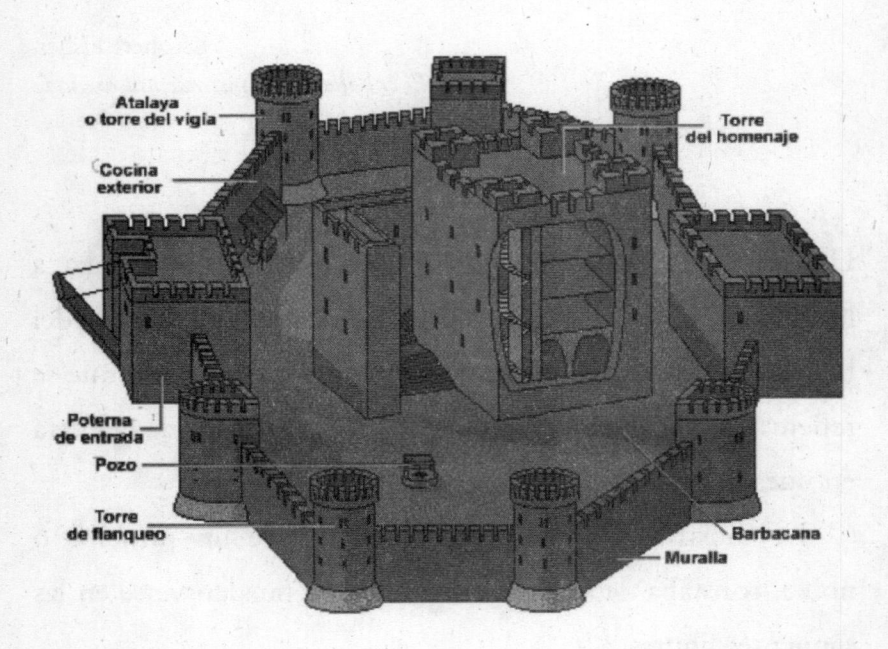

Sin embargo, todas las atalayas o torres pequeñas, garitas o torrecillas, aposentos, postigos o pequeñas puertas, así como los ademe o construcción provisional de madera para repeler asedios, el paseo de ronda, la sala mayor, calabozo y mazmorra, absolutamente todo, pueden agruparse en sólo tres partes.

La división tridimensional incluye la torre de homenaje, que es la más resguardada e importante del castillo medieval, la capilla, patio, barbacana o fortificación aislada en el camino de aproximación a un castillo o ciudad e incluso la almena con sus merlones y aspilleras, el almenado en sí, la tronera, atisbadero y puente levadizo, rastrillos y fosos.

Las tres partes que integran al castillo, una metáfora de nosotros mismos, son el cuerpo, mente o alma y espíritu. En la edificación, las tapias y todo lo visible es el cuerpo. El diseño es la mente o alma que se percibe a través de muchas actividades que se realizan en el castillo. El espíritu puede representarse con la capilla, porque es un lugar consagrado al contacto con la divino, o en el pozo, porque este objeto y los manantiales simbolizan nuestra comunión con Dios.

El cuerpo es el referente de materia. Mente, el recinto de pensamientos y emociones. Algunos autores lo llaman alma, y aquí habitan seres sutiles como la voluntad. Finalmente hablamos de espíritu, que es lo que permea todo y está en un plano de no visibilidad. Es nuestra conexión con lo divino. Su percepción es nítida durante la oración, meditación y el encuentro con los sentimientos de gratitud y amor.

¿Mente y alma son lo mismo? ¿Es lo mismo alma que espíritu? Durante mucho tiempo se han empleado como sinónimos alma y espíritu, pero alma es mente e, incluso, algunos autores le llaman "personalidad". Los textos antiguos nos confirman la gran importancia que tenía en el mundo clásico, tanto para la sociedad como para el individuo, la idea de que el hombre se componía de cuerpo, alma y espíritu.

Hasta la época de Descartes (1596-1650), el alma fue comprendida como la parte síquica del hombre, lo que hoy diríamos la mente, mientras el espíritu era visto como perteneciente a una dimensión intemporal, impersonal y metafísica.

Con Descartes se originó la confusión entre alma y espíritu. Lo que antes era claramente diferenciado como procedente del alma (lo psíquico), o proveniente del espíritu (lo metafísico), en la actualidad es ignorado por la civilización occidental.

Pero veamos a qué nos remite el origen de ambas palabras. El vocablo hebreo de alma es *nephesh,* que significa: "ser, vida, criatura, persona, apetito, mente, ser viviente, emoción y pasión". También se refiere a aquello que respira, la sustancia que respira o el ser, el ser interior del hombre o ser viviente. Alude también al mismo hombre, ser, persona o individuo. Otra acepción establece que alma es el asiento de las emociones y pasiones.

Por su parte, espíritu en hebreo es *ruach* o viento, aliento, espíritu. Espíritu como aquello que respira rápidamente con animación o agitación. Se considera un vocablo que es sinónimo de animación, vivacidad, vigor y coraje. Remite también al temperamento o la ira. Alude, asimismo, a la impaciencia e impulso descontrolado. El concepto más importante remite a que es preservado por Dios o espíritu de Dios.

En griego alma es *psuche* o aliento de vida. Se refiere a la fuerza vital que anima el cuerpo y se muestra a sí mismo en la respiración. Ahí residen sentimientos, deseos, afecciones y aversiones, es decir, nuestro corazón. Se percibe como una esencia la cual difiere del cuerpo y no se disuelve con la muerte… *Pneuma* o espíritu, en tanto, es "quien gobierna el alma".

Algunos autores como Emmet Fox, al cuerpo, alma y espíritu les llaman también soma, psique y neuma, e incluso los identifica como los personajes bíblicos de Abraham, Isaac y Jacob.

Para recorrer el castillo es posible hacerlo a través de la palabra Israel que no sólo es la columna del Antiguo Testamento, sino porque relata la naturaleza de Dios y el hombre. Israel está compuesto de tres sílabas. La primera, *Is*, significa el principio femenino. Emmet Fox clarifica que "Is llegó a la Biblia desde Egipto, era la diosa madre, esposa de Osiris. Is viene del nombre Isis". *Ra*, la segunda sílaba, es el nombre del dios egipcio Sol. Representa el principio masculino. *El*, la tercera sílaba de Israel, es el sufijo preferido de los hebreos para designar a Dios. Viene del hebreo Elohim o Dios Todopoderoso.

Para acentuar más el carácter femenino y masculino, Emmet Fox menciona que Is se relaciona con Isaac, representativo del alma y de la mente. "Era introspectivo, reflexivo. Siempre cavaba pozos que simbolizan un contacto con Dios. Ra por su parte está tipificado por Abraham que es un hombre de acción". Se conjuntan de esta manera el estado receptivo y ejecutivo de la mente.

Si nos limitamos a ser sólo cuerpo y mente (alma), seremos seres con cinco sentidos y, por ende, presentaremos limitaciones. Si aceptamos que más que la parte tangencial y física (cuerpo y mente) somos seres espirituales porque nuestra procedencia es divina, encontraremos la ayuda universal para cumplir nuestro contrato sagrado. Y aquí, de manera simplista, asumimos que somos un castillo. No podemos ser sólo las partes que se ven o aquellas habitaciones edificadas para el pensamiento. Debemos adentrarnos también en la esencia de la capilla, porque es en este lugar sacro donde reside realmente nuestro verdadero poder.

El psicoanalista Oscoy ofrece la metáfora de una matruska o muñeca tridimensional rusa en la que la figura más grande corresponde al cuerpo, la siguiente es la representativa del alma y la diminuta es paradójicamente la que mayor poder tiene. Ésta representa el espíritu.

En la siguiente figura representamos los tres planos del más sutil al más tangencial. El de mayor poder está primero y marca su influencia sobre planos inferiores (alma-mente y cuerpo-materia).

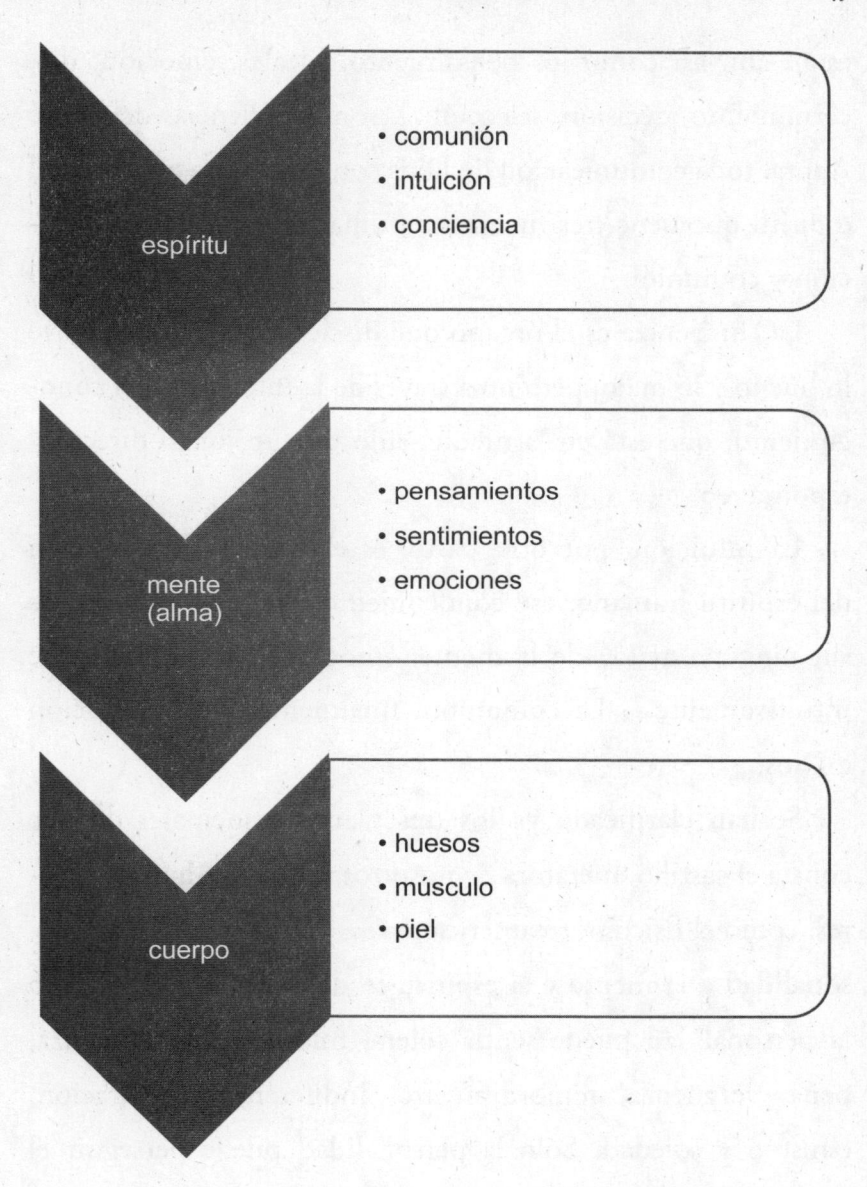

La referencia tridimensional nos permitirá localizar con mayor facilidad dónde y cómo deambulan los dragones.

Así, cuerpo es materia y alma es la expresión de la personalidad. La voluntad, intelecto y emociones del hombre están ahí, así como los pensamiento, ideales, emoción, discernimiento, decisión, selección... son experiencias del alma. Ahora, toda comunicación de Dios con el hombre ocurre en el espíritu que tiene tres funciones primarias: conciencia, intuición y comunión.

La conciencia es el órgano que discierne y distingue entre lo bueno y lo malo, pero no a través de la influencia del conocimiento, que está en la mente, sino por un juicio directo y espontáneo.

La intuición, por otra parte, es el órgano de sensación del espíritu humano, ese conocimiento que viene a nosotros sin ninguna ayuda de la mente, emoción o voluntad, viene intuitivamente... La comunión, finalmente, es la adoración a Dios.

Se han clarificado ya los tres planos principales de que consta el castillo, metáfora de nosotros mismos. Algunos autores, como el físico norteamericano Gary Zukav, le llaman personalidad a la mente y al espíritu lo denominan alma: "Solo la personalidad puede sentir cólera, miedo, odio, venganza, pena, vergüenza, remordimiento, indiferencia, frustración, cinismo y soledad. Sólo la personalidad puede perseguir el poder externo (todo lo que tememos perder). La personalidad también puede ser cariñosa, compasiva y prudente en sus relaciones con los demás, pero el amor, la compasión y la prudencia... son experiencias del alma". Sólo para clarificar los tres planos, diríamos que la búsqueda del poder externo y emociones negativas residen en la mente (alma) y lo más excelso como el amor, la compasión y prudencia, son dones del espíritu.

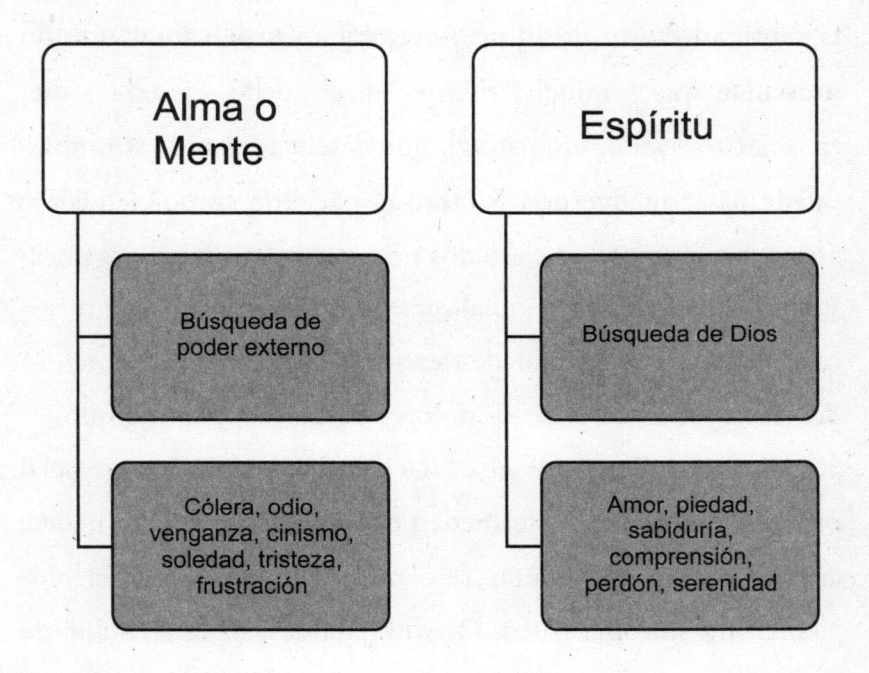

Si vamos del plano superior al inferior, de lo más sutil a la naturaleza más burda, tangible y material, encontramos que el espíritu domina sobre mente (alma) y cuerpo. Ahora, sólo para ejemplificar la superposición de cada uno de los planos, consideramos la mente sobre el cuerpo.

La mente o alma tiene predominio sobre el cuerpo, que de manera muy simple decimos que se constituye por piel, músculos y huesos, para no enumerar todos los sistemas que comprende. Para ejemplificar tal predominio, decimos que el cuerpo responde fisiológicamente al estrés emocional.

Por ejemplo, el estrés puede causar ansiedad, que a su vez activa el sistema nervioso autónomo y las hormonas, como la adrenalina, aumentan el ritmo cardiaco, la presión arterial y la cantidad de sudor. El estrés también puede causar tensión muscular, que producirá dolores en el cuello, espalda, cabeza… La alteración emocional, que desencadenó los síntomas, puede pasar inadvertida si tanto el paciente como el médico asumen que éstos son causados por una enfermedad orgánica. Incluso, pueden llegar a realizarse muchas pruebas diagnósticas infructuosas al tratar de descubrir las causas del aumento del ritmo cardiaco o de los dolores de cabeza, por ejemplo.

Un mecanismo por el cual el estrés psicológico y social puede producir una enfermedad es la conversión. Esto ocurre cuando inconscientemente se convierte un conflicto psicológico en un síntoma físico. Ocurre para desviar la atención de un problema emocional perturbador y guiarlo a un problema físico que puede ser menos temible. Cualquier síntoma virtualmente imaginable puede transformarse en un síntoma de conversión.

En ocasiones, el síntoma de conversión es una metáfora del problema psicológico. Por ejemplo, una persona con dolor en el pecho puede sufrir el rechazo de un ser querido, o una persona con dolor de espalda puede sentir que sus problemas son difíciles de soportar.

Un síntoma de conversión puede también originarse por identificación con alguien que tuvo dicho síntoma. Por ejemplo, una persona puede tener dolor en el pecho que sugiera la posibilidad de un ataque cardiaco después de que alguno de sus allegados lo haya sufrido, o un varón puede desarrollar el síntoma de dolor torácico a medida que se aproxima a la edad en la que su padre murió de un ataque cardiaco.

La conexión del cuerpo y el alma la clarifica perfectamente Louise L. Hay en su obra *Tú puedes sanar tu vida*, en el que enumera esta conexión mediante la enunciación de un problema físico concreto, la causa probable y el "remedio" mediante un nuevo patrón de pensamiento.

Por ejemplo, la garganta, que es una avenida de expresión o canal de creatividad, cuando presenta dolor es probable la ineptitud para hablar por uno mismo, ira inflamada, creatividad paralizada o rechazo al cambio. La manera de eliminar el dolor es diciendo: "Está bien hacer ruido. Me expreso libre y gozosamente. Hablo por mí con facilidad. Expreso mi creatividad. Estoy dispuesto a cambiar".

En el siguiente esquema aparece un diagrama del cuerpo humano y cada número está relacionado a emociones negativas que enferman determinados órganos.

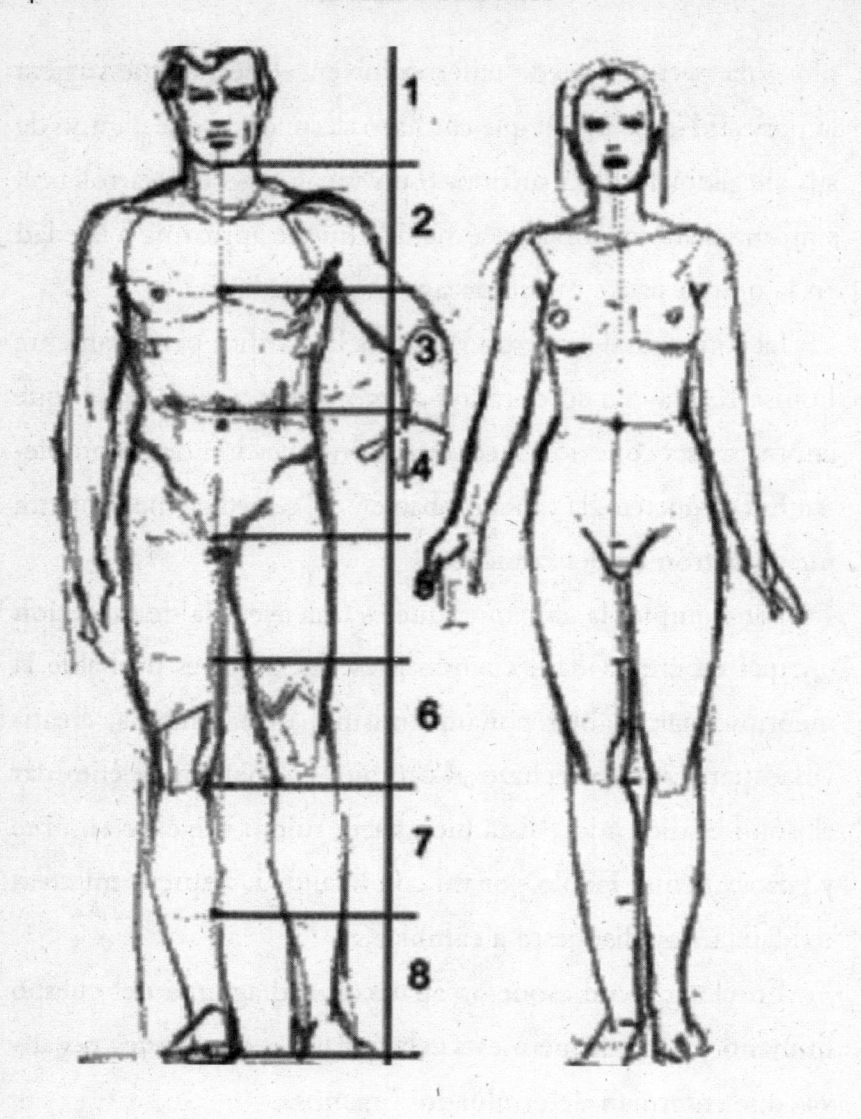

1. Miedo, ansiedad, duda, culpabilidad, resentimiento, falta de perdón.

2. Agresividad, irritabilidad, negatividad (quejas), incomunicación, sentimiento de rechazo.

3. Envidia, desaliento, desesperación, rechazo, temor, terror, inferioridad, insensibilidad, odio, rencor, falta de perdón.

4. Imposibilidad para desahogarse, represión de angustia, de lágrimas, de temores, de culpa, de rencores.

5. Culpabilidad, abuso sexual, falta de creatividad.

6. Orgullo

7. Inseguridad, ansiedad, inconstancia.

8. Incomprensión, desorden mental.

EMOCIONES, PENSAMIENTOS Y SENTIMIENTOS

De manera muy simple enumeramos los componentes de cuerpo y espíritu, ahora mencionaremos los que integran al alma o mente.

La emoción se puede considerar como la fuente de poder que nos guía hacia adelante en nuestras metas en la vida. Mediante la energía de nuestra emoción alimentamos nuestros pensamientos para hacerlos realidad. Sin embargo, este poder de la emoción por sí solo puede desperdigarse y perder el rumbo. El pensamiento confiere una dirección a nuestras emociones, y éstas inyectan vida en la imagen producida por nuestros pensamientos.

Las tradiciones antiguas sugieren que somos capaces de tener dos emociones primarias. Quizá para ser más exactos, podríamos decir que a lo largo de nuestra vida experimentamos varias condiciones que se resuelven en una sola emoción.

El amor es un extremo de esas condiciones. Cualquier cosa

que creamos que se opone al amor es el segundo extremo, con frecuencia definido como miedo. La calidad de nuestra emoción determina cómo se expresará ésta. La emoción, unas veces fluyendo y otras alojada en los tejidos de nuestro cuerpo, está íntimamente relacionada con el deseo, que es la fuerza que conduce a nuestra imaginación a una resolución.

El pensamiento, por su parte, se puede considerar como el sistema de guía que dirige nuestra emoción. La imagen o la idea creada por nuestro pensamiento es la que determina hacia dónde se dirige nuestra atención o emoción. El pensamiento está íntimamente relacionado con la imaginación. Sorprendentemente, para muchas personas el pensamiento por sí solo no tiene mucha energía, es sólo una posibilidad sin energía que le dé vida. Es la belleza del pensamiento puro. Ante la ausencia de emoción, no hay poder que pueda hacer realidad nuestros pensamientos. Nuestro don del pensamiento carente de emoción es el que nos permite modelar y simular las posibilidades de la vida sin riesgo, sin crear temor o caos en nuestras vidas. Es sólo con nuestro amor o miedo hacia los objetos de nuestros pensamientos como infundimos vida a las creaciones de nuestra imaginación.

Finalmente, el sentimiento sólo puede existir cuando hay pensamiento y emoción, puesto que representa la unión de los dos. Cuando sentimos, estamos experimentando el deseo de nuestra emoción fusionada con la imaginación de nuestros pensamientos. El sentimiento es la clave de la oración, al igual que nuestro mundo de los sentimientos lo es para la creación. Cuando atraemos o repelemos a otras personas, situaciones y condiciones que encontramos en nuestra experiencia, quizá deberíamos observar nuestros sentimientos para comprender la razón.

Por definición, para tener un sentimiento, en primer lugar hemos de tener un pensamiento y una emoción. El reto para desarrollar nuestro nivel más elevado de dominio personal es reconocer qué pensamientos y emociones representan nuestros sentimientos.

Esto se sintetiza mediante los siguientes gráficos:

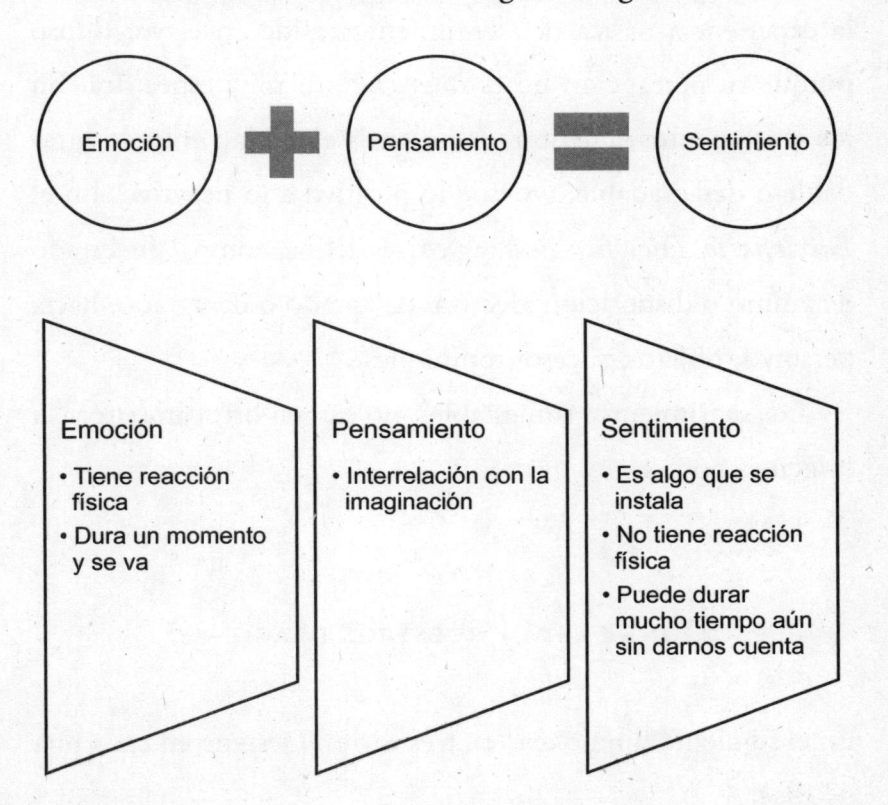

Emoción
- Tiene reacción física
- Dura un momento y se va

Pensamiento
- Interrelación con la imaginación

Sentimiento
- Es algo que se instala
- No tiene reacción física
- Puede durar mucho tiempo aún sin darnos cuenta

Algunos ejemplos de emoción son: bienestar, felicidad, salud, alegría, fortaleza compañía, malestar, tristeza, enfermedad, desgracia, debilidad, soledad. En general, todo lo que puedas poner después de "siento...". Todas las emociones tienen un componente cuantitativo (qué tanto sientes) y cualitativo (qué sientes).

Ahora hablemos de los sentimientos.

El sentimiento es la experiencia más destacada dentro de la vida afectiva de las personas, es un "estado subjetivo difuso, que tiene siempre una tonalidad positiva o negativa" (Rojas, 1993, 59); lo considera estado subjetivo en cuanto que la experiencia básica del sentimiento reside en el yo; difuso porque su percepción no es muy clara ni muy específica. En los sentimientos la neutralidad no existe, oscilan entre lo agradable o desagradable, y desde lo positivo a lo negativo. En el *Diccionario Filosófico-Pedagógico* se define como "un estado de ánimo o disposición afectiva, de agrado o desagrado, hacia personas, objetos, sucesos, opiniones".

Los sentimientos son estables, no surgen bruscamente y su origen es poco claro.

¿DÓNDE ESTÁN NUESTROS DRAGONES?

En el siguiente dibujo existen tres torres. Designa en cada una de ellas:

- Cuerpo
- Alma o mente
- Espíritu

Puedes calcar la figura para que te sirva de guía durante la lectura, ya que los dragones están indistintamente en cada una de estas torres y a medida que los ubiques podrás tener un mayor manejo de ellos.

Ahora elige una de las siguientes figuras y ubícala dentro de la torre del cuerpo. Puedes hacerlo de manera imaginaria, pero te sugerimos calcar la figura correspondiente a tu sexo, recortarla y adherirla a la torre que determinaste que fuera la consagrada al cuerpo.

Por favor, elige un objeto o material que consideres que te representa.

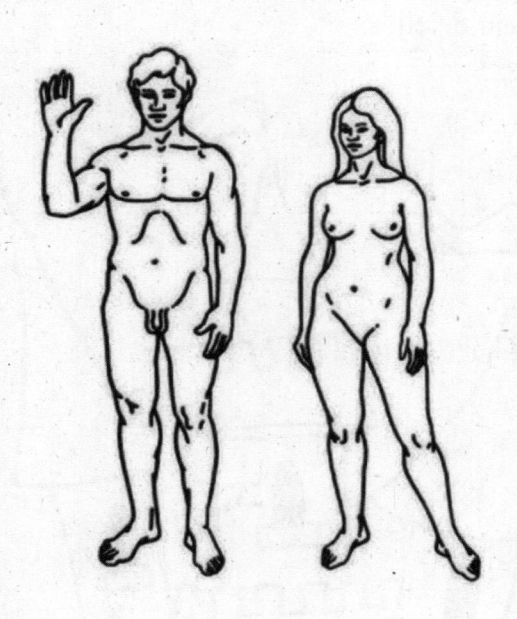

En la torre que designaste mente o alma, imagina que existen tres habitaciones. En una de ellas habitan las emociones, la otra corresponde a pensamientos y una tercera es para los sentimientos.

Por favor, escribe las tres emociones más inmediatas que percibas ahora. Recuerda que la emoción es lo que precede a "yo siento..."

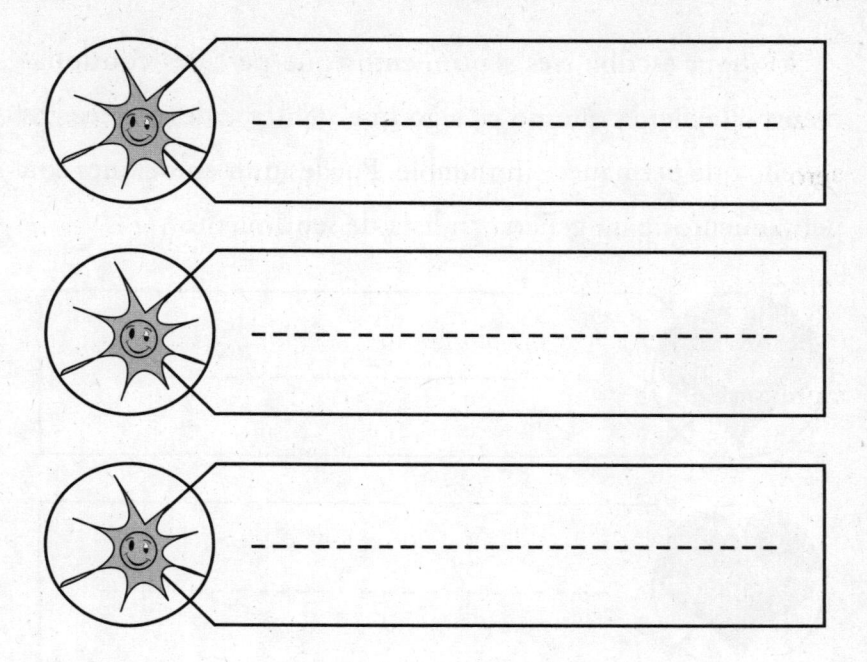

Muy bien. Ahora escribe tres pensamientos sobre lo que quieras. La clave está en complementar esta frase: "Pienso que..."

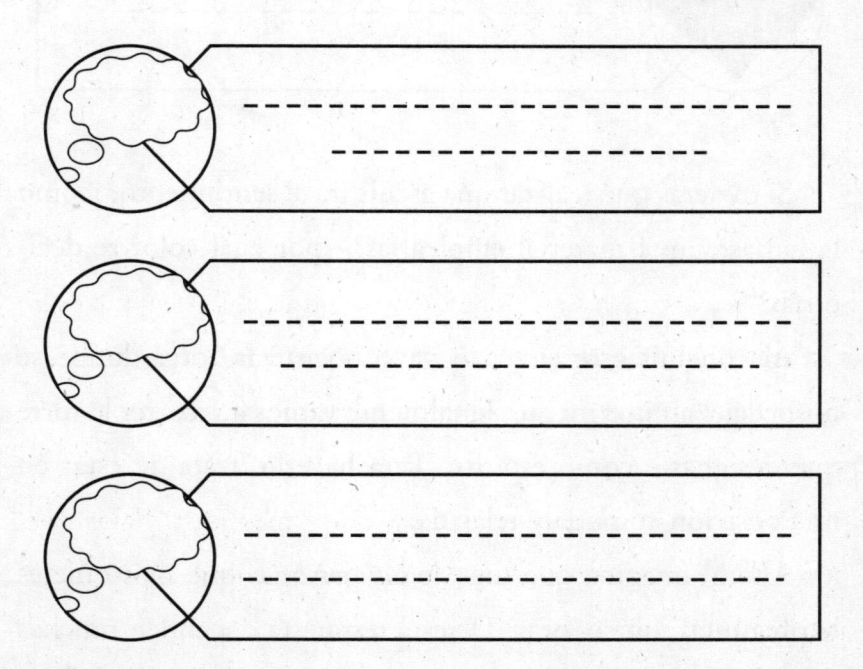

Y ahora escribe tres sentimientos que percibes continuamente. Recuerda que no es algo que sientes y desaparece. Es aquello que permanece inmutable. Puedes unir emociones con pensamientos para generar tu lista de sentimientos.

Si tuvieras que realizar una escultura al sentimiento, ¿cómo la harías?, ¿qué material emplearías?, ¿por cuál color te decidirías?

Al concluir este ejercicio ya conociste la torre donde se hospeda el alma o mente. Finalmente vamos a recorrer la torre que designaste como espíritu. Para hacerlo, trata de estar en una posición cómoda y relajada.

Ahora, imagina que una de las personas que más quieres te pregunta, ¿qué es orar? De esta respuesta dependen muchas cosas importantes para ella. Por favor respóndele. Puedes ejemplificar, contarle anécdotas, dibujar, cantar o simplemente orar.

Finalmente completa esta frase:

El regalo que yo podría darle a Dios hoy es _____

_____

_____

_____

_____

Una vez que lo hayas logrado, habrás recorrido la torre del espíritu. Es el momento de conocer a los dragones.

El Dragón del Autoengaño

Todo hombre tiene recuerdos que no contaría a nadie más que a sus amigos. Otras cosas hay en su mente que ni siquiera revelaría a sus amigos, sino sólo a sí mismo, en absoluto secreto. Pero hay otras cosas que el hombre teme incluso contarse a sí mismo, y todo hombre tiene una cantidad de esas cosas guardadas en su mente.

Fedor Dostoievski,
Recuerdos de la casa de los muertos

HABÍA UNA VEZ...

En los cuentos y en la vida real existen mitos, dragones y magia. Los siguientes son tres fragmentos de historias verdaderas. El personaje principal de cada una de ellas se cubrió los ojos con una mentira… hasta que el mismo la creyó.

- Luis, un hombre casado desde hace una década, comienza a tener motivos para sospechar de su esposa. Ella llega a casa más tarde de lo usual después del trabajo, sale por la noche y se niega a dar explicaciones. De manera simultánea, se preocupa más por su apariencia y se muestra distante en casa. Amigos y vecinos suelen verla en compañía de otro hombre en reiteradas ocasiones y lo comentan abiertamente. Sin embargo, el esposo considera que su mujer le es fiel.
- Ana comienza a tener extraños síntomas que le hacen acudir al médico. Asiste a un hospital en el que un reputado especialista la examina. Una vez allí se somete a diversas pruebas que confirman que padece una grave enfermedad en fase terminal. Sus fuerzas disminuyen día a día y otros médicos le confirman que el avance del cáncer es irreversible. Sin embargo, ella cree que su enfermedad es pasajera.
- Marcos está enamorado de Lilia, su vecina. Él le declaró su amor en numerosas ocasiones y ella siempre repuso que no le corresponde en ese sentimiento. Hace un par de meses, Lilia comenzó una relación con otro joven. Sin embargo, Marcos tiene la certeza de que ella en realidad lo ama y sólo lo pone a prueba.

Casos como estos apoyan la existencia de comportamientos aparentemente irracionales, en los que los sujetos mantienen ciertas creencias en contra de las evidencias de las que disponen. Se autoengañan. Cierran los ojos. Sin embargo, existen historias más complejas. Leandro Palacios, médico psicoterapeuta de la Fundación Spiral de Madrid, nos comparte esta historia.

Carmen es una mujer española de 43 años. Está divorciada desde hace cinco años y no tiene hijos. Trabaja como diseñadora de modas en una empresa textil, vive sola y es la mayor de tres hermanos.

Recuerda que a los ocho años su padre entraba en su habitación y se quedaba mirándola en la oscuridad. Ella experimentaba un miedo cada vez más intenso. No sabe a ciencia cierta si estos recuerdos son únicamente fantasía o tienen una base real, pero se los reveló a su madre, y aunque ésta dijo que eran invenciones suyas, desde ese momento el padre la rechazó hasta los 15 años. A esta edad empezó a salir con chicos y su padre se obsesionó con ella hasta llegar a perseguirla cuando estaba con alguno de ellos. Entonces la humillaba y se mostraba cariñoso en exceso el resto del tiempo.

Carmen se acuerda especialmente de la crisis que su papá sufrió cuando ella se marchó de vacaciones a los 19 años con uno de sus primeros novios. A su regreso, él pasó de la declaración amorosa a los insultos más feroces. Con todo, dice haber crecido con una mezcla de sentimientos contradictorios hacia su padre, ya que siempre le teme pero a la vez lo disculpa, siente pena por él y cree haberlo defraudado como hija.

Al hablar de su madre afirma no haberse sentido querida nunca por ella pues, según ésta, todo lo que pasaba con su padre era inventado por Carmen y la descalificaba por sistema, diciéndole que "ella era más guapa y delgada" y que "nadie la llegaría a querer jamás porque no servía para nada ni se lo merecía".

De hecho, Carmen utiliza para hablar de sí misma frases como "soy tonta", "parezco una tonta", "lo que voy a decir es una tontería" o "seguro que no es cierto lo que voy a decir", "soy peor que una niña pequeña"... Aunque no sabe si se debe a tales experiencias, dice haber sido siempre muy fantasiosa y recurrir de continuo a un mundo de ilusiones para tratar de eludir la parte más amarga de su realidad.

Respecto a relaciones de pareja, ha mantenido seis significativas hasta el momento. La primera la inició con 15 años y, salvo la última, todas las finalizó ella por diversos motivos entre los que abundan el aburrimiento, hastío y ausencia de satisfacción, especialmente sexual.

Su última relación duró tres años y medio. Carmen dice que en Bruno encontró "al hombre de su vida" ya que no sólo descubrió el placer sexual con él, sino que, por fin, tenía un hombre "digno de cubrir las expectativas de su padre" por su nivel académico y socioeconómico. Aunque al principio todo fue "como un sueño hecho realidad" (los mejores restaurantes, hoteles de revista, regalos caros, sexo, sexo, sexo), poco después él se vuelve a meter de lleno en su trabajo (trabaja las 24 horas del día, incluso el fin de semana y no le queda tiempo para nadie, ni para sí mismo) y cada vez tienen menos contacto.

En la relación comienzan a darse plantones, desprecios y humillaciones. Incluso malos tratos físicos por parte de Bruno. Carmen trata de adaptarse al giro que vive su relación y asume las condiciones que él le impone. De forma simultánea, ella se percata de una ansiedad creciente por estar con Bruno a cualquier precio, pues acepta sus peticiones de que vaya a su casa a las horas más insospechadas, aunque cuando llega no le presta atención o sólo la requiere para mantener relaciones sexuales y se desentiende después de ella.

Carmen, por su parte, lo justifica con diferentes argumentos: "su trabajo es muy importante y no se puede distraer", "sufre una gran tensión que por algún lado tiene que salir" o "me tiene miedo porque nunca ha sentido por nadie lo que siente por mí y no quiere comprometerse", "ha tenido una infancia difícil", etcétera.

Finalmente, tras tres separaciones temporales forzadas por él y que Carmen vive como un tormento, Bruno decide cortar con ella porque "no aguanta que sea su esclava y que no sepa hacer nada sin él". Desde entonces, Carmen se encuentra cada vez peor, con ataques de ansiedad y obsesionada con Bruno, hasta el punto de que se pasa las noches visitando los bares que éste suele frecuentar para verlo de lejos o vigila su casa durante horas con la misma intención.

Él, por su parte, no responde ni a sus llamadas, ni a sus correos electrónicos, ni mensajes. Cuando no aguanta más, Carmen acude al psiquiatra con quien estuvo en tratamiento antes y después de su divorcio (y que dice que se convirtió en su "ángel de la guarda") pero descubre que falleció unos meses antes.

¿Y dónde está el autoengaño?

El psicoterapeuta descubre tres vertientes en las que su paciente se miente a sí misma:

1. La relación con su padre: Carmen aún lo protege, justifica e incluso idealiza, cuando ella misma —y sin realizar grandes esfuerzos— ofrece información que revela no sólo sus repentinos cambios de ánimo, sino la manera ambivalente con que la trataba.

2. La imagen de sí misma. A consecuencia del trato recibido por parte de sus padres y de algunos de los argumentos utilizados por Bruno para separarse de ella ("no sabes hacer nada sin mí"), Carmen mantiene no sólo un pobre concepto sobre sí misma ("soy tonta"), sino que se desautoriza constantemente y minimiza —cuando no niega— tanto sus virtudes como sus logros personales.

3. La relación con su última pareja: Carmen niega o distorsiona toda la información que contradiga sus deseos de que Bruno sea la persona que ella espera y de que la

trate como ansía, fantasea con la reconciliación cuando ella se transforme en quien él quiere o bien cuando él "se dé cuenta de que está enamorado de mí, aunque no quiera reconocerlo".

Pero, ¿por qué se engaña a sí misma?, ¿por qué hay quien se miente?, ¿qué es el autoengaño y cómo puede reconocerse? Después de un recorrido por la imaginación, las certezas vendrán. La venda de nuestros ojos caerá. La mentira desaparecerá.

ARQUETIPOS Y PERSONAJES

Don Quijote de la Mancha, Hitler y Pinocho son personajes vinculados al autoengaño.

"¿Quién nos induce al engaño, quién?", se pregunta don Quijote y atribuye este arte a un encantador. La fuerza del sortilegio es tan poderosa que hace ver gigantes donde hay molinos. Puede ser que los anónimos magos lo inducen a creer que los molinos son gigantes o lo que ve son gigantes, pero el hechizo después los transforma en molinos.

En otras palabras, la realidad exterior no se ajusta a sus presunciones porque se interpone un poder superior; o bien existe un acuerdo con la realidad en la que interfieren poderes externos que trastocan "lo que es".

Así es el autoengaño. Es un procedimiento gracias al cual asumo mis actos como si fueran el resultado de encantamientos y de fuerzas externas a nuestra voluntad. Don Quijote descubre la existencia de este truco íntimo de nuestra existencia. Una vez arremete contra un ejército y al final de la cabalgata don Quijote no combate a un puñado de guerreros espada en mano y banderines de la media luna. No. Él sufre la humillación de atacar a un rebaño de carneros. La culpable es la magia y no su imaginación. Gracias a un hechizo, la realidad puede cambiar sin previo aviso, como le sucede a Dulcinea:

> Supe su encantamiento y su desgracia,
> y su transformación de gentil dama
> en rústica aldeana: condolíme.

Don Quijote se imagina nuevas formas de encantamientos en el caso de nuevos caballeros y aún piensa en una nueva época de la caballería, cuando advierte lo indigno de ir en un carro de bueyes, como un fardo, y no sobre una prodigiosa nube parda o un carro de fuego: "Quizá la caballería y los encantos de estos nuestros tiempos deben seguir otro camino que siguieron los antiguos. Y también podría ser que, como yo soy nuevo caballero en el mundo, y el primero que ha resucitado el ya olvidado ejercicio de la caballería aventurera, también nuevamente se hayan inventado otros géneros de encantamientos y otros modos de llevar a los encantados..."

Mientras Don Quijote cabalga con su fiel escudero Sancho Panza en los confines del imaginario popular, los biógrafos de Adolfo Hitler cuentan que hasta su suicidio en 1945, él sufría un paulatino proceso de huida de la realidad. Tenía una necesidad constante de autoengañarse.

Así, le resultaba imprescindible recibir noticias favorables, sobre todo a partir de la entrada de Estados Unidos en la guerra. Hitler se adentró cada vez más en un mundo de ficción creado por sí mismo. A mediados de abril de 1945, cuando los tanques del mariscal soviético Zhukov estaban ya a pocos kilómetros de la puerta de Brandenburgo, Hitler repetía a gritos que los rusos sufrirían una sangrienta derrota ante las puertas de Berlín.

Historiadores como Hugh Trevor-Roper e Ian Kershaw analizan que cinco días antes de su muerte, rodeado de mapas operativos cada vez más irreales, Hitler enumeraba con gran seguridad a sus generales los factores que le hacían esperar una victoria final.

¿Locura o exacerbada fantasía? Se trata más bien de suprimir el dolor a través de eliminarlo de la conciencia. Es percepción, no demencia.

Thomas Moore, en su libro, *Las relaciones del alma*, dice que "lo inconsciente, lo no-consciente, con demasiada frecuencia es lo no amado. Aquello que no aceptamos".

Frente al dolor físico, psicológico o social, existe un mecanismo automático que lo "desconecta" de la conciencia para sedarlo y augurar la supervivencia. Así, ante la agresión de una fiera, por ejemplo, el herido tiene la capacidad de extender su visión, "adormecer" el dolor y huir, capturar a su atacante o realizar la acción apropiada para escapar del peligro.

Daniel Goleman, en *La psicología del autoengaño*, menciona una anécdota paradigmática sobre esto. "David Livingstone, el misionero escocés, fue atacado en cierta oportunidad por un león ...las heridas causadas casi le causaron la muerte. Al recordarlo unos veinte años más tarde, descubrió algo que le llamó la atención: en un momento en el que debería haber experimentado el terror más absoluto, sintió sólo una extraña indiferencia... ¿a qué se debe nuestra capacidad de reaccionar al dolor, con una sensación de insensibilidad?... el dolor, ya sea de origen físico o mental, es registrado en el cerebro a través de un sistema que puede mitigar sus señales. En el diseño cerebral, la sedación del dolor está incorporada a su percepción. Esto explica la ausencia de dolor y de miedo por parte de Livingstone cuando se encontraba frente a las fauces de un león..."

Ante situaciones de gran riesgo, como enfrentamientos bélicos, es notorio el autoengaño y está documentado en diferentes casos como en la Primera y Segunda Guerra Mundial, donde la inminente pérdida estaba precedida de órdenes insólitas como el no abandonar el campo de batalla hasta que huyeran los contrarios. Esto, pese a las sensibles bajas del batallón de quien ordenaba continuar la ofensiva. "Ya se puso la venda" es un término popular para designar el autoengaño en situaciones críticas.

Existe un síndrome, llamado de Estocolmo, que ejemplifica los alcances del autoengaño: tal fenómeno es una respuesta psicológica en el que la víctima de secuestro, o la persona detenida contra su voluntad, desarrolla una relación de complicidad con su secuestrador. En ocasiones, los prisioneros incluso ayudan a los captores a alcanzar sus fines o evadir a la policía.

Debe su nombre a un hecho curioso sucedido en la ciudad de Estocolmo, Suecia. En 1973 se produjo un robo en el banco Kreditbanken. Los delincuentes mantuvieron como rehenes a los ocupantes de la institución durante seis días. Al entregarse los ladrones, las cámaras televisivas transmitieron el momento en que una de las víctimas besaba a uno de los captores. Además, los secuestrados defendieron a los delincuentes y se negaron a colaborar en el proceso legal posterior.

Ahora, si antaño el dolor aludido que encerrábamos en la inconsciencia era sólo físico, en la vida cotidiana actual el dolor está representado por pérdida, humillación, menosprecio u otras dolencias psicosociales. En todo caso, se trata de situaciones que nuestro antiquísimo sistema de defensa se niega a percibir. La experiencia se limita, entonces, a aquello a lo que prestamos atención. Esto no implica la desaparición del dolor, sólo que éste no es consciente. Tal es la raíz del autoengaño.

Shevrin esquematiza este concepto de esta forma: diferentes estímulos conducen a un almacenamiento sensorial que filtra esta información y genera una respuesta consciente. Sin embargo, también existe la posibilidad de que los estímulos vayan a una memoria de largo plazo, lo que generará una respuesta inconsciente. En la siguiente gráfica, el color oscuro muestra la conciencia, y el tono claro refleja el mecanismo de la inconciencia.

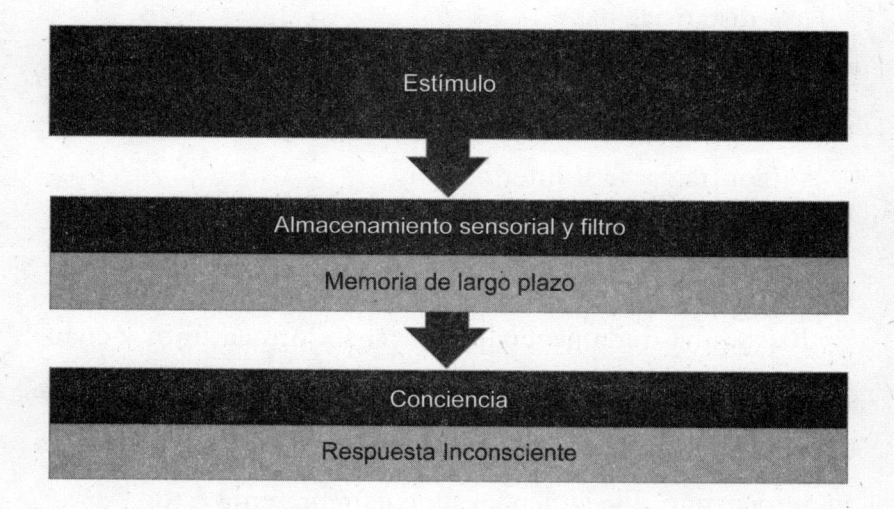

Ante todo esto, ¿Pinocho es sólo un mentiroso o se autoengaña? Ambas cosas.

De acuerdo con el psiquiatra Carlos Sirvent, director de la Fundación Instituto Spiral en Madrid, España, dedicada al tratamiento de adicciones y salud mental, primero se miente con cierta reticencia. Poco a poco, a base de repetir dicho comportamiento, se extingue la ansiedad asociada al acto de mentir y con el tiempo acaba por no distinguirse la verdad de la mentira. Aparece así el proceso de mistificación o incapacidad para decir las cosas tal como son. Esto puede realizarse a través de:

- Negación: negar como respuesta defensiva
- Minimización: devaluar la gravedad de lo sucedido.
- Racionalización: disculpar y justificar el hecho.
- Distanciamiento: no implicarse personalmente, valorar a distancia.
- Controlar la situación: intentar limitarlo a cualquier conducta derivada.
- Contraatacar al interlocutor.
- Autoengaño: ver lo que existe y rechazar su significado.

Existe una duda generalizada: ¿cuándo mentimos y cuándo se trata de autoengaño? Cuando decimos una y otra vez una mentira, después logramos automatizarla y se transforma en autoengaño. El siguiente esquema representa esto.

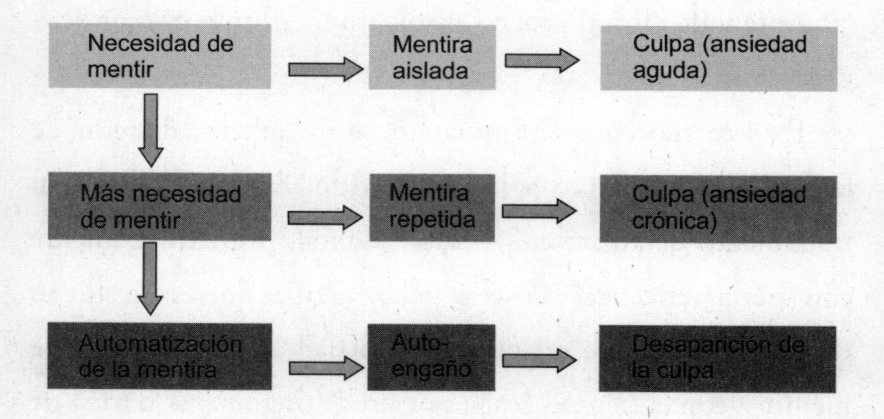

Por ejemplo, cuando Pinocho dice una mentira, le crece la nariz, que simboliza la culpa. Es una mentira aislada que al repetirse se automatiza y genera el autoengaño o "desaparición" de la culpa que se ejemplifica cuando el niño de madera acompaña gustoso a los maleantes a una ciudad de diversiones e ignora en reiteradas ocasiones a Pepe Grillo, su conciencia. Esto ocurre cuando ya no se percata de la longitud de su nariz: simbolismo de la culpa que genera ansiedad aguda y crónica. La culpa no desaparece. Pasa al inconsciente.

Si Pinocho dice que puede faltar a clases, consciente de que esto no es verdad, dice una mentira. Pero si Gepetto cree que Pinocho siempre ha sido un niño, se autoengaña, porque pasa por alto dos evidencias: él hizo a Pinocho con un trozo de madera y el sortilegio de un hada dotó de vida a la marioneta. Se autoengaña porque actúa desde el inconsciente, de manera automática. Posiblemente el autoengaño surgió porque primero le dijo a alguien que Pinocho siempre había sido un niño. Después comentó lo mismo a otro, después a un tercero y así sucesivamente. Automatizó la mentira y así ésta se trasladó al inconsciente. Una vez ahí ya no aparecieron los símbolos externos de culpa asociada al mentir. Gepetto "creyó" su mentira. Se autoengañó.

La manipulación voluntaria es consciente. Se trata de una mentira. La manipulación automática e inconsciente es autoengaño.

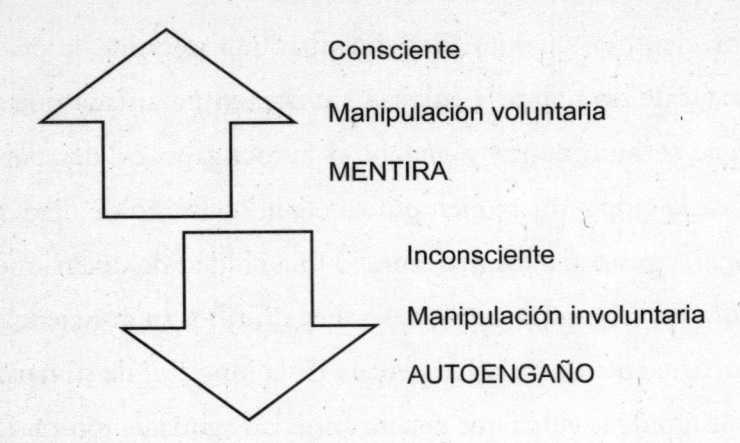

Consciente

Manipulación voluntaria

MENTIRA

Inconsciente

Manipulación involuntaria

AUTOENGAÑO

Disfraz y color del autoengaño

Existe una carta del tarot llamada "El Diablo", arquetipo de lo oscuro y animal del ser humano. El abismo interior. Aquí subyace, agazapado en el inconsciente, el dolor que soterramos con mentiras. Se trata de la suma de nuestras noches oscuras del alma. Es lo que cubriremos con el autoengaño. Aquí están nuestras culpas, miedos, celos, coraje, envidia, temor, agresión, irracionalidad, desesperanza, desamor y tristeza. El lado oscuro.

La no visión, la mentira y el autoengaño se simbolizan con una ausencia total de color: el negro.

Teóricamente sólo existe en los objetos estelares conocidos como "agujeros negros", que no dejan escapar radicación alguna, como luz visible. No reflejan nada, no emiten luz.

En la vida cotidiana, el negro es el color neutro más oscuro que se puede reproducir. La cuestión de la neutralidad —ausencia de predominio de una longitud de onda concreta— es esencial para que el ojo humano considere "negro" ese tono que es a la vez de protección y misterio. Se le asocia con el silencio, el infinito y la fuerza pasiva. Es un "color" que nos ayuda a aislarnos y escondernos del mundo.

Este "color" representa el Dragón del Autoengaño.

Decía Sören Kierkegaard en su *Tratado de la desesperación* que nadie puede vivir sólo en la realidad. "Para poder vivir es necesario creer en algo falso que nos permita soportar el proceso biológico y físico de la vida; que no es que no tenga sentido, es que es indiferente a la propia idea de sentido. Nadie puede vivir solo en la realidad, porque nadie puede vivir sin ilusión. Para poder vivir, no sólo necesitamos salir de la realidad, sino creer en la mentira. Necesitamos engañar a los demás, ocultando una parte de nosotros mismos, con el fin de hacer posible la vida social. No podemos sacar a la luz nuestros deseos de todo tipo: sexuales, de poder, de dinero, nada más que en algunas ocasiones y ante determinadas personas. Y, además, necesitamos también engañarnos a nosotros mismos, creando una imagen épica de nuestra persona, que coincide con lo que se suele llamar autoestima. Para alejarnos de la realidad recurrimos a la imaginación. Ese mundo suele estar identificado, más que con el mundo real, con el mundo de los sentimientos".

Así, ¿cuál es el disfraz del autoengaño?

¿Qué apariencias asume el autoengaño? Una aproximación la podríamos obtener mediante las razones por las que mentimos, cimiente del autoengaño.

Las siguientes causas son las más comunes:

a) Temor a las consecuencias de algo que se sepa, algo que se hizo, que no se hizo, que se oyó, que se vio, se dijo o se supo.

b) Para conseguir ventaja sobre otra persona o para obtener un beneficio que no se lograría si se dijera la verdad. La mentira y el engaño son instrumentos para conseguir muchos objetivos en esta vida de tipo económico, social o amoroso.

c) Por razones positivas como ayudar a alguien, como ocurre por las mentiras altruistas o para alegrar, halagar o intentar hacer felices a los demás.

d) Para mantener la privacidad.

e) Para salvaguardar ante los demás una determinada imagen.

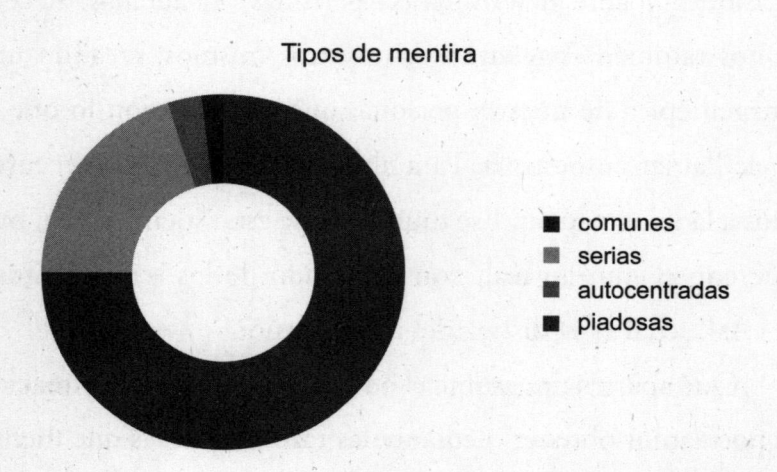

Tipos de mentira

- Mentiras comunes: Son aquellas que se dicen cotidianamente. El 75% de las personas las usan de manera frecuente, según encuestas. Son aquellas típicas excusas para justificar atrasos u olvidos imperdonables.

- Mentiras serias: Se estima que el 20% de las personas acude a ellas con frecuencia. Corresponde a engaños más complejos, como ocultar consumo de drogas o relaciones sentimentales paralelas.

- Mentiras autocentradas: Corresponde a aquellas mentiras que la persona dice para protegerse a sí misma. Por ejemplo, para evitar pasar una vergüenza o para no cumplir un compromiso indeseado.

- Mentiras piadosas: Son una de las más comunes y su función es proteger a la persona a la que se le miente.

Las anteriores son las razones comúnmente aceptadas, pero el psicoterapeuta Boris Cyrulnik, considerado una autoridad en temas de resiliencia, después de que él mismo viviera en un campo de concentración donde murió su familia durante la Segunda Guerra Mundial, explica que "el mitómano se refugia en la ficción para evitar el mundo o dar una imagen ventajosa de sí mismo que le permita entrar en su sociedad. Tiene miedo del mundo real y no obstante desea ocupar un lugar en él".

A las razones enumeradas podríamos añadir una más dramática: sobrevivencia. Esta razón es textual y figurada. Puede ser que de esto dependa la libertad, evitar torturas o la muerte.

Pero también puede emplearse para ocultar verdades tristes, vergonzosas o dolorosas. Víctimas de incesto, violación o violencia intrafamiliar, así como quienes han padecido los horrores de la guerra y el exterminio saben de esto.

Documentos obtenidos por la Unión Americana de Libertades Civiles, presenta los testimonios de las torturas perpetradas en la prisión de Abu Ghraib, Bagdad, por soldados estadounidenses. Los horrores descritos llaman la atención por la reiteración de la palabra "autoengaño". Así es posible leer que quienes testificaron, al momento de observar la crueldad ejercida contra los prisioneros... "me decía a mí mismo que eso no era real, que era una pesadilla".

La mentira protege del peligro y revaloriza al individuo cuando no tiene la posibilidad de poner remedio a su imagen alterada. Así, la mentira sirve para enmascarar la realidad y protegerse de ella.

Uno de los soldados juzgados afirmó: "asumía que ellos no eran reales, que todo era un juego". En este caso, como en muchos otros, la mitomanía repara, en la apariencia, la imagen quebrada de uno mismo. Una joven celadora, por su parte, cerraba los ojos y "...al no ver pensaba que abría las puertas y ellos estaban felices y libres". En este caso se trata de una ensoñación.

Los tres mundos virtuales —mentira, mitomanía y ensoñación— tienen la misión de proporcionar un sentimiento de seguridad. De acuerdo con Cyrulnik, "la mentira protege como una muralla, la mitomanía como una imagen seductora y la ensoñación como un puente levadizo que se abre sobre la campiña".

Bajo esta premisa asumimos que el autoengaño posee tres disfraces o apariencias:

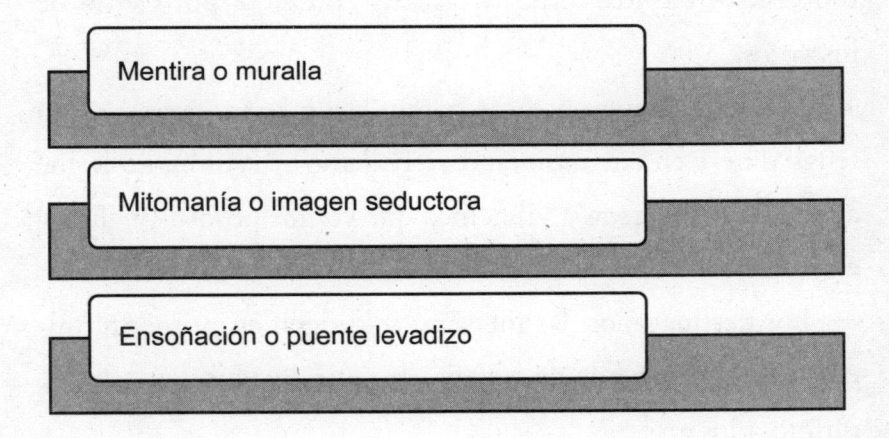

Mentira o muralla

Mitomanía o imagen seductora

Ensoñación o puente levadizo

Además de estos disfraces, vale reconocer las mentiras —y autoengaños— solapados socialmente.

Un estudio de Gallup International realizado en 135 países determinó que las personas mienten en promedio cuatro veces al día. En términos de género, los hombres obtuvieron una ligera ventaja al decir cinco mentiras por día, mientras que las mujeres reconocieron hacerlo únicamente en tres ocasiones cada 24 horas en promedio.

Estas "mentiras", en realidad, son aquellas frases que suelen pronunciarse casi automáticamente, sin pensar, con la intención de salir del paso y no decir algo inconveniente. Tal vez por eso entran en la categoría de "mentiras blancas", porque faltan a la verdad pero no provocan grandes daños a quien las escucha.

En el ranking de estas mentirillas que se dicen con mayor frecuencia, el primer puesto lo obtuvo la popular frase "Está todo bien", elegida como la favorita con el 28 por ciento de los votos.

A ésta le siguieron otras como "Qué bueno verte", "No tengo dinero en este momento", "Te llamo", "Perdón, no llegué a atender tu llamada", "Tenemos que vernos pronto" y "Estoy en camino".

Los destinatarios: las mentiras se dirigen en primer término a los compañeros de trabajo, luego a los familiares y por último a los amigos.

Entre las 20 mentiras más populares en el orbe destacan: "Estoy en un embotellamiento", "No tengo señal", "Por supuesto que te amo", "Se me acabó la batería", "Te llamo en un minuto".

En tal estudio se puede establecer que los hombres mienten más para mantener la autoimagen mientras las mujeres emplean las mentiras piadosas para hacer sentir bien a los otros.

En general, los niños mienten para salvaguardar su imagen, al igual que los adolescentes y adultos. Sin embargo, los disfraces empleados por cada uno de ellos son diferentes: los niños prefieren la mitomanía; los adolescentes, la ensoñación, y los adultos, la mentira.

El estudio de Gallup finalmente aseveró que las profesiones que mayor contacto tienen con personas son las más proclives a desarrollar mentiras y autoengaño. Existen algunos sectores donde la mentira se considera esencial, como en las ventas y la política. Jesús Silva-Herzog Márquez dice que "la historia muestra que las ideas y las acciones políticas tienen una extraordinaria capacidad para resistir la experiencia, para ignorar conscientemente lo que se sabe y pasar por alto las advertencias de la realidad".

En sintonía con esto, el periodista estadounidense Shankar Vedantam del *Washington Post*, en un artículo relata la asombrosa capacidad de algunos presidentes del gobierno norteamericano para engañarse a sí mismos. Por ejemplo, menciona cómo George W. Bush estaba convencido del éxito en Irak, Ronald Reagan creía que no intercambiaron armas por prisioneros de guerra en Irán, y Nixon pensaba que su versión de los eventos del Watergate era veraz. Truman, por su parte, llegó a convencerse a sí mismo de que se podía evitar hacer daño a mujeres y niños al utilizar armas atómicas contra Japón durante la Segunda Guerra Mundial.

¿Por qué son proclives al autoengaño quienes desean convencer? Porque al automatizarse la mentira y trasladarse al inconsciente, desaparece la culpa y los signos no verbales del engaño:

- Aceleración del ritmo cardiaco y la respiración.

- Enrojecimiento del rostro.
- Sudoración, frecuentemente en la palma de las manos.
- Temblor en las manos y la mandíbula.

En la comunicación no verbal, los signos que delatan al que miente son:

- No mirar a los ojos o mantener poco la mirada.
- Mover demasiado las manos y los pies. En ciertos casos, frotar las piernas entre sí, con movimientos tensos.
- Esconder las manos o retorcerlas. Enseñar las palmas es indicador de honestidad.
- Gesticular poco.
- Taparse la cara con las manos, tocándosela de varias formas.
- Cambiar de postura frecuentemente.
- Llevarse una mano al cuello y masajearse.
- Tardar más en contestar y hacer más pausas.
- Hablar más rápido y con un tono de voz más agudo.
- Conducta global de incomodidad.

En la comunicación verbal, por otra parte, denotan engaño estas características:

- Dar pocos detalles. Hablar con vaguedades.
- Hablar sobre conversaciones, evitan hacer citas textuales.

- No hacer referencias temporales, espaciales ni sensoriales.
- Incluir en la historia la mayor cantidad de verdades posibles, y entre ellas intercalar las mentiras.
- Contradecirse. Quien inventa muchas cosas ante mucha gente rara vez recuerda sus mentiras.
- Tener lapsus verbales.

Así como los estadistas son víctimas del autoengaño, un científico muestra que la propensión a la ilusión es generalizada. El caso de los rayos "N" constituye un ejemplo de autoengaño científico. René Blondlot, eminente físico francés de la Universidad de Nancy, descubrió estos fantasmales rayos al iniciar el siglo xx.

En el transcurso de su trabajo el también catedrático descubrió los rayos "N", llamados así en honor a la ciudad de Nancy. Los nuevos rayos se originaban en un aparato similar al de rayos "X", con modificaciones propias de Blondlot, quien afirmó que los nuevos rayos se podían almacenar en ladrillos envueltos con papel negro o de aluminio.

Desde el momento en el que se produjo el anuncio, otros físicos repitieron el mismo procedimiento y confirmaron la existencia de los rayos "N". En los siguientes cuatro años a la primera noticia sobre los rayos Nancy, se publicaron multitud de artículos científicos confirmando su existencia y las más variadas propiedades que se les atribuían. La mayoría de esos escritos procedían de conocidos investigadores y fueron impresos en medios de gran prestigio. En 1904, R. W. Wood, un físico norteamericano interesado en el campo de las radiaciones, visitó el laboratorio del francés. Cuando Wood replicó con detalle la máquina de rayos, en una experiencia de refracción cambió alguno de sus componentes.

Los resultados fueron los mismos que con el aparato intacto. Se demostró así que los rayos "N" no eran un nuevo tipo de radiación, sino una luminosidad propia de la técnica utilizada de rayos "X". No se había descubierto nada nuevo y, por ende, ninguna de las propiedades de los rayos "N" era real. La pasión por el descubrimiento condujo al profesor Blondlot a "inventar" sus rayos "N" sin siquiera darse cuenta de ello. Curiosamente, otros hombres de ciencia también se autoengañaron. Todos vieron lo que desearon ver.

Un caso reciente de autoengaño científico es el de Poliagua. Durante unos experimentos de condensación de vapor de agua en capilares de cuarzo, ocurrió algo novedoso. Apareció un líquido similar al agua pero con propiedades diferentes. El descubridor, N. Fedyakin, investigador soviético, determinó que se trataba de una nueva forma de agua, mucho más densa que la "normal", viscosa y con un punto de congelación a 40° bajo cero. El descubrimiento fue en 1962. Las propiedades del Poliagua, como así se llamó, estaban llamadas a revolucionar la industria y la biología de haber existido realmente. Con el paso de los meses el equipo del científico ruso desarrollo métodos más sofisticados para producir poliagua.

Los artículos sobre el fenómeno se multiplicaron y se replicó el sistema en varios centros occidentales con resultados positivos. Al igual que con los viejos rayos "N", ahora multitud de laboratorios decían ser capaces de obtener poliagua. Se desarrollaron teorías y modelos tridimensionales que explicaban la existencia de ese líquido. Cientos de referencias se agolpaban en las revistas científicas y sólo unas pocas advertencias de duda aparecieron, aunque sin efecto alguno.

En 1971 se descubrió que el poliagua sólo era agua contaminada por el proceso en el cuarzo. La ciencia confió durante casi diez años en un descubrimiento tan excepcional como falso. La ilusión se impuso a la investigación seria. "Vi, pero me engaño pensando que no vi". Tal es la estructura de la ilusión.

Finalmente, Juan Diego Moya, doctor en filosofía, nos deja esta reflexión: "¿Tendría necesidad el sabio de recurrir al autoengaño? El autoengaño es un mecanismo de exculpación y de restauración de la buena conciencia. Es explicable en función de la espontánea propensión mental a afirmar su propio ser, y a negar cuanto imposibilite la afirmación. Empero, el sabio es libre. Actúa por sí. Sus acciones se conciben adecuadamente por la naturaleza del actuante. Es causa adecuada. Mentalmente, todas sus operaciones son intelectivas. En él, la imaginación es comparativamente ínfima. Tanto más sabio y libre es, cuanto más conoce por medios puramente intelectivos, y cuanto menos finge, cuanto menos recurre a la Imaginación".

Dragón de Tierra

De acuerdo con el *Gran Libro de los Dragones*, la especie dragonil más común y abundante en nuestro planeta es la del Gran Dragón Terrestre, nombre por el que se conoce popularmente al *Draco rex cristatus*. Es un animal de gran tamaño, provisto de alas. Llega a medir de quince a treinta metros de longitud, y con las alas desplegadas puede alcanzar los 30 metros de envergadura.

Se dice que el autoengaño es un dragón de tierra, porque "entierra" las evidencias y "sepulta" así el dolor. Un ser como el descrito, empero, está "emparentado" con la ilusión y el engaño.

Un libro de Clément Rosset titulado *Lo real y su doble. Ensayo sobre la ilusión* (Tusquets, 1993), explora nuestra manía de negar lo existente y el hábito de repudiar las consecuencias de nuestros actos. Así sentencia: "No hay nada más frágil que la facultad humana de admitir la realidad, de aceptar sin reservas la imperiosa prerrogativa de lo real". Vivimos constantemente apartándonos de lo real, huyendo de la verdad. Pero el autoengaño no es ignorancia ni error. Es desconocimiento voluntario. Es reinterpretar la evidencia y darle un sentido contrapuesto.

¿Acaso el Dragón del Autoengaño posee unos anteojos que distorsionan la realidad? No, sólo que ésta posee diferentes aristas y el autoengaño "percibe" las que considera más benignas.

El filósofo David Moya, que también es una autoridad en dragones, explica: "La realidad no existe. La objetividad tampoco. Y no pasa nada. No es posible experimentar una realidad completamente objetiva: nuestra naturaleza nos posibilita percibir únicamente lo que creemos que es real, convirtiéndose esta percepción en una mezcla confusa de nosotros mismos y de aquello con lo que interaccionamos. Esto constituye un primer nivel de autoengaño. Estamos sujetos a emociones y a sesgos de percepción y de interpretación que condicionan inevitablemente nuestro comportamiento. Nuestras experiencias pasadas, nuestras pasiones, nuestros valores morales, una necesidad innata de justicia y el 'qué dirán' son normalmente los condicionantes de nuestro comportamiento.

"Nuestro cerebro ve lo que cree y las creencias, sean erróneas o acertadas, están ancladas en nuestros subconscientes. Estas creencias inciden en las emociones y predisponen a que sea una emoción y no otra la que prevalezca en una situación dada. Nuestras creencias también influyen en lo que realicemos después con ellas. Las creencias son de alguna manera la materia prima del autoengaño. Las emociones su catalizador.

"Nuestra mente llega a hacer uso del autoengaño de un modo mucho más mordaz, esgrimiendo actuar en legítima defensa. En muchos casos, nos resulta mucho más fácil negar la evidencia que tener que aceptar que nos habíamos equivocado y que lo que siempre habíamos creído como cierto, y en lo que habíamos cimentado toda una trama de otras creencias, deje de serlo. Se trata de una manipulación a sí mismo mediante la cual nos protegemos de una realidad que creemos que no nos conviene; que nos asusta. Esos miedos toman el mando, oponiéndose a un diálogo con la conciencia."

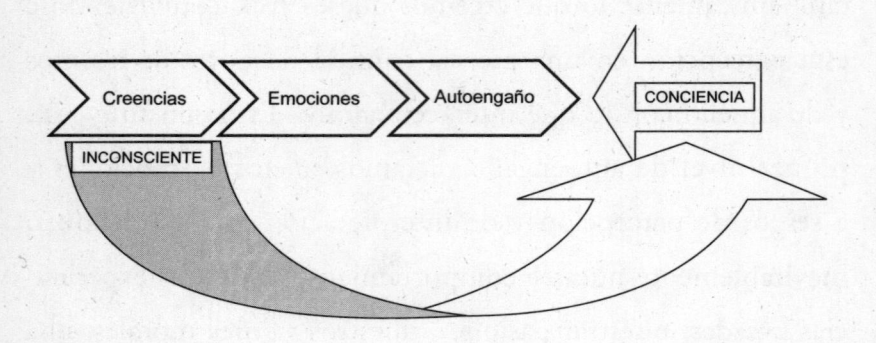

Para ubicar las creencias, podemos ponerlas en el lugar donde residen nuestros pensamientos. Es decir, en la "torre" de la mente o del alma. Ahora, las creencias pueden ser de dos tipos: racionales, cuando se pueden probar y es fácil renunciar a ellas, y metafísicas, que no se prestan a prueba, no en este mundo, y una vez que las adoptamos no se pueden abandonar fácilmente. A las creencias metafísicas se les llama fe.

Así concluimos que el Dragón del Autoengaño ve lo que existe y rechaza su significado para mantener falsas creencias o ilusiones. Al negar o no racionalizar la relevancia, significado o importancia de la evidencia, él logra que nos mintamos a nosotros mismos.

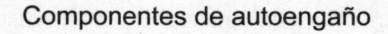

Componentes de autoengaño

- ■ Manipulación
- ■ Reiteración
- ■ Negación
- ■ No afrontar
- ■ Autoengaño

La manipulación emocional equivale al intento de modificar los auténticos sentimientos del interlocutor. El *Diccionario de la Real Academia Española* (RAE) define "manipular" como "Intervenir con medios hábiles y, a veces, arteros, en la política, en el mercado, en la información, etcétera, con distorsión de la verdad o la justicia, y al servicio de intereses particulares".

La reiteración es la repetición de una cosa que se ha dicho o ejecutado antes.

Reiterar sería volver a decir o hacer algo. Y la reincidencia es la reiteración del mismo error.

Respecto a los mecanismos de negación y no-afrontamiento, el diccionario de la RAE describe la negación como el rechazo de la veracidad de una cosa. Decir que algo no existe, no es verdad, o no es como alguien cree o afirma. Dejar de reconocer algo, no admitir su existencia. La negación de la realidad puede ser un mecanismo de defensa del yo frente a la realidad: el yo niega hechos evidentes o situaciones reales, cerrando el paso a la percepción de cosas que no acepta. El

Diccionario Dorsch cita el ejemplo de una mujer que ignoraba (no percibía) el engaño de que la hacía víctima su marido. La *American Psychiatrist Association* califica la negación (denial) como un mecanismo de defensa que actúa inconscientemente, utilizado para resolver un conflicto emocional y aliviar la ansiedad rechazando los pensamientos, sentimientos, deseos, necesidades o factores de la realidad externa que son conscientemente intolerables.

Algunas formas de negación serían evitar asociaciones, forzar la insensibilidad de la atención ("no tener sentimientos"), el ofuscamiento, la rigidez mental, la amnesia selectiva, el rechazo (negar la evidencia) y la fantasía.

LOS COLETAZOS DEL DRAGÓN

El autoengaño no es en sí mismo patológico. ¿Quién se atrevería a asegurar que carece de autoengaño? Todos tenemos un nivel más o menos elevado, "fisiológico" podría decirse, de autoengaño en forma de ilusión, fantasía o natural fabulación que empleamos en el día a día para interrelacionarnos.

El autoengaño patológico es aquel que surge por la incapacidad para percatarse de los efectos negativos del propio comportamiento. O que —aún dándose cuenta y siendo consciente del problema— no adopta o no desea implementar soluciones o espera que éstas vengan de forma fortuita externamente. En definitiva, aplicamos el criterio a "quien no se da cuenta de algo o —lo que es todavía peor— se da cuenta y no intenta solucionar el problema".

Muchas personas viven con el Dragón del Autoengaño sin que éste les afecte. Pero quien sufre por su causa, no puede permitirse dejarlo libremente, porque no sanará nunca o recaerá sin darse cuenta. Necesariamente el afectado tiene que terminar un tratamiento con ideas claras a este respecto y, si reincide —los médicos dicen "recidiva"— que por lo menos sepa el porqué y quede libre de confusiones. En cualquier caso, los psicólogos y psiquiatras opinan que siempre es preferible que el sujeto elimine elementos de autoengaño.

Posiblemente sus argumentos sean que el autoengaño patológico tiene alteraciones neuróticas y un papel trascendental en trastornos adaptativos, somatomorfos, disociativos, de la conducta alimentaria, facticios, de la personalidad, adicciones, simulación, trastornos de estado de ánimo, incumplimiento terapéutico, duelo, problemas de identidad, biográficos y muchos otros. Es patrimonio del mundo de las neurosis, aunque se presenta en cierto tipo de psicosis, sobre todo las de tipo paranoide (incluyendo esquizofrenias) y daña la parte conservada de conexión con el mundo real.

En el ámbito de las adicciones, el autoengaño es uno de los más importantes factores de recaída. Así, 68% de adictos que recibieron tratamiento, recayeron bajo la influencia directa e indirecta del autoengaño. Incluso, se considera la principal causa de recaída (51%) en drogodependientes que habían realizado programas de larga duración. Este hallazgo nos permite asegurar que el abordaje de este fenómeno es imprescindible para prevenir recaídas.

Ahora, si percepción es selección, y ya tenemos un importante sesgo con nuestras creencias y emociones, esto es, ya "recortamos" la realidad, ya la parcializamos, y si a esto aunamos una selección aún mayor que parte de nuestro inconsciente, donde sumergimos nuestras experiencias dolorosas, concluimos que vivimos un mundo diferente al que los otros perciben. Los acuerdos son muy difíciles de lograr con tal disociación. La empatía no se genera así.

La principal consecuencia, tanto inmediata como tardía de la mistificación o autoengaño, es el desarrollo de diferentes síntomas entre los que se incluyen la desconfianza, el aislamiento del carácter, la misantropía o aversión a la especie humana. La mentira se convierte en autoengaño y a su vez esto propicia que la primitiva personalidad del sujeto quede hibernada o solapada por una serie de caracteres adquiridos: no sólo por la mistificación, sino por otros muchos de la caracteropatía adquirida, de la que la mistificación es un elemento más, aunque nuclear.

Por eso los adictos se parecen tanto entre sí, porque la mistificación y demás rasgos de carácter aprendidos les infunden un talante sociopático: mistificación, desvitalización, personalidad dependiente, etcétera. En definitiva, cambia la personalidad y el verdadero carácter. Se transforma en un sujeto insincero, que manipula sistemáticamente, tanto a los demás como a sí mismo, y que, a fuerza de engañar y engañarse, se vuelve desconfiado, huraño e incrédulo: prácticamente no se cree nada y no ve nada.

Entre los adictos, por ejemplo, es notable la coraza de incredulidad y escepticismo. Es tan incrédulo y desconfiado, que puede vivir toda una vida víctima de sí mismo sin llegar a un mínimo autoconocimiento, porque no acepta nada de los demás. Aquí a la mistificación se uniría la suspicacia paranoide, que le aparta de una realidad que vislumbra como él quiere que sea y confunde sistemáticamente deseos con circunstancias objetivas: es la falta de sentido de la realidad.

Espejo: la escala del autoengaño

Entre los extremos de "una mentirita" social a la mistificación que caracteriza a los drogodependendientes, ¿qué grado de poder tendrá en tu vida el Dragón del Autoengaño?

El psicoanalista Sirvent ideó una escala de autoengaño y posteriormente se "personificó" con un diagrama conocido como "esqueleto de pescado".

En el siguiente cuadro pueden analizarse los ítems que considera Sirvent esenciales para entender el autoengaño. Se llama Inventario de Autoengaño y Mistificación o escala IAM.

Se trata de una valoración general del autoengaño y la mistificación. Está basado en los cuatro gradientes identificados en
el autoengaño.

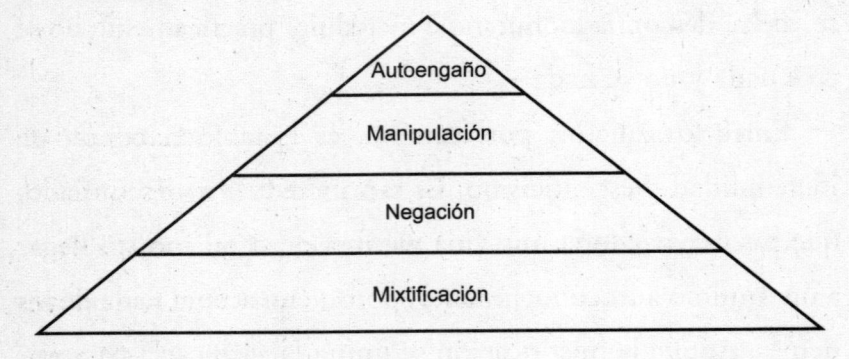

Tales mecanismos se componen de:

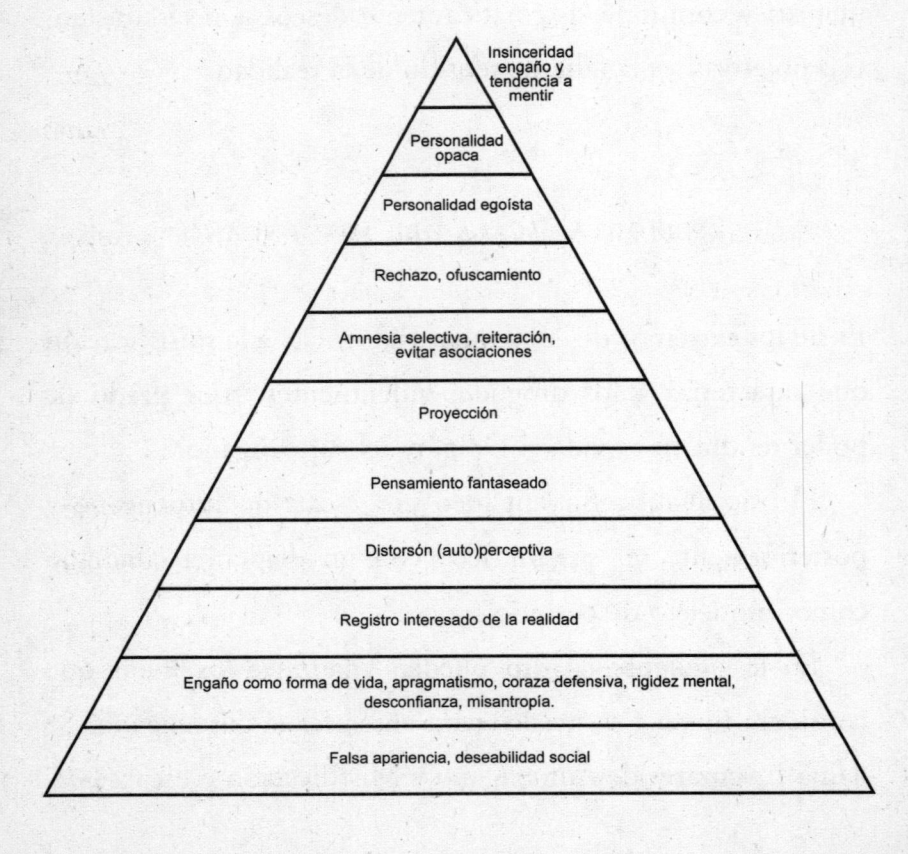

En las dos pirámides se observa un claro sentido ascendente donde la cúspide representaría el autoengaño más simple a un problema de falsa apariencia o de deseabilidad social en la base. La primera figura enuncia o sintetiza mientras la segunda desglosa.

Finalmente, se establece un cuadro para llenarse en un tiempo determinado que precisa el autoanálisis de situaciones clave o problema y la manera de actuar en torno a éstas. Inicialmente Sirvent decidió hacer el cálculo de las reacciones descritas por una cuantificación enunciativa como "demasiado", "presente", "nulo" y otras por el estilo, aunque aquí se plantea la conveniencia numérica decimal para manifestar inexistencia (uno) a presencia significativa (10). El intervalo convenido entre una y otra medición es de seis semanas aproximadamente.

Cuando los especialistas trabajan con este esquema, suelen establecer intervalos trimensuales entre una y otra evaluación.

El procedimiento general para cuantificar la presencia del autoengaño es:

1. Determinar cuáles son las áreas que requieren atención especial. En el caso clínico presentado, por ejemplo, éstas serían:
   Relación con el padre
   Autoconcepto
   Última relación de pareja

2. Correlacionar cada uno de los ítems con los enunciados que presuponen autoengaño (Escala IAM)

3. Evaluar del uno al diez de acuerdo con el nivel de presencia de los rasgos de autoengaño.

Con el siguiente esquema puedes generar un espejo de autoengaño. Recuerda emplear sólo la casilla del Espejo 1.

La primer parte dice Dimensiones. Es un panorama general sobre los componentes del autoengaño. Puntea cada una de estas áreas sin particularizar.

Componentes es la segunda parte. Aquí debes analizar si posees esa característica en particular.

Al concluir tendrás un espejo inicial de tu Dragón de Autoengaño. Ahora, al haberlo conocido, ya no podrá dominarte. Cada vez que decida actuar tú podrás o no autorizarlo. Es conveniente que tengas a la mano tú espejo. Un mes después realiza el segundo control y nuevamente hazlo otros tres meses posteriores.

EL ESPEJO DEL AUTOENGAÑO			
Factores	*Espejo 1*	*Espejo 2*	*Espejo 3*
DIMENSIONES			
Autoengaño			
Manipulación			
Negación			
Mistificación			

EL ESPEJO DEL AUTOENGAÑO			
Factores	*Espejo 1*	*Espejo 2*	*Espejo 3*
COMPONENTES			
Insinceridad, engaño y tendencia a mentir			
Personalidad opaca			
Personalidad egoísta			
Rechazo, ofuscamiento			
Amnesia selectiva, reiteración, evitar asociaciones			
Proyección			
Pensamiento fantaseado			
Distorsión autoperceptiva			
Registro interesado de la realidad			
Engaño como forma de vida, apragmatismo, coraza defensiva, rigidez mental, desconfianza, misantropía			
Falsa apariencia, deseabilidad social			

Los psicólogos emplean también la Espina de Pescado de Ichikawa que permite identificar las áreas de oportunidad (problemas) y las fortalezas. Con el ejemplo clínico planteado, la espina de pescado sería ésta:

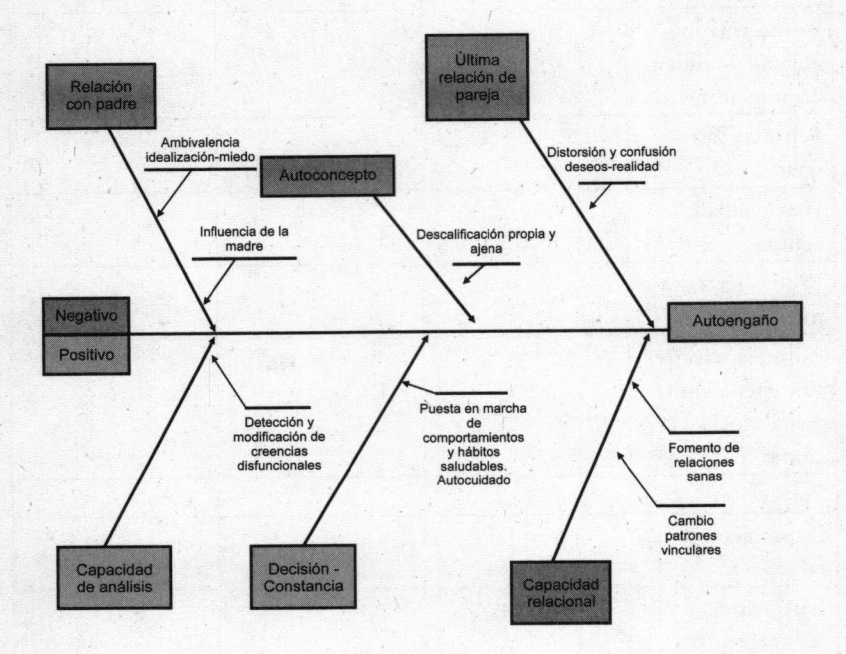

En la parte superior identificamos problemas. Una guía para hacerlo es recurrir a nuestro castillo. Así, en el área destinada al cuerpo veamos qué mensajes desea enviarnos éste a través de la voz silente del dolor. Se trata de áreas que demandan atención. Cada parte de nuestro cuerpo está conectada a una función específica. Ojos, por ejemplo, representan nuestra capacidad de ver. Un problema en ellos puede mostrar nuestra incapacidad para aceptar la realidad. Para tener un mapa de conexión cuerpo-función.

El cuerpo, primer torre del castillo, ya tiene un mensaje de un área o problema concreto. Es un punto de partida para detectar la primera espina de pescado.

La mente o alma tiene otro mensaje. Basta analizar ¿cuáles son tus preocupaciones constantes? Los pensamientos recurrentes te llaman la atención sobre algo específico que requiere solución. Son otra guía para trazar tus espinas de pescado superiores.

La tercera torre, finalmente, es otra guía para que determines áreas de tu vida que tienen un posible conflicto. ¿Qué pides en oración?, ¿por qué rezas?

Te sorprenderás de encontrar coincidencias en las tres torres. De no ser así, hallarás que lo que realmente importa es lo que confinas en el área espiritual.

Una vez trazada el área superior de las espinas de pescado, la parte considerada de problemas, en la parte inferior hallarás puntos favorables sobre cada uno de ellos.

Por lo general, cuando se grafica una situación, ésta se vuelve más simple y te permite un manejo eficiente. Usa simultáneamente ambos gráficos (tu espejo y las espinas de pescado) para conocer a tu Dragón de Autoengaño.

EL PODER CURATIVO DEL DRAGÓN

Ya que conociste a tu Dragón de Autoengaño, veamos su poder protector. Es verdad que tiene la propiedad de no permitirte ver y, por ende, nulifica tu actuación en áreas clave de tu vida. Sin embargo, existe un concepto de verdad que debemos considerar.

"Verdad es aquello que no te contamina sino que te enriquece. Por tanto, existen diferentes grados de verdad, pero de manera general, verdad es aquello que es incapaz de producir daño, que no puede hacer mal".

El concepto es de Gary Zukav y es importante tenerlo siempre presente, porque a lo largo de nuestra vida debemos optar por la verdad. Y para ejemplificar el poder curativo del Dragón de Autoengaño existe una película idónea para ello, *La vida es bella*, película italiana de 1998 que tiene una duración de 117 minutos.

DIRECTOR, Roberto Benigni; GUIÓN, Roberto Benigni & Vicenzo Cerami; MÚSICA, Nicola Piovani; FOTOGRAFÍA, Tonino Delli Colli; REPARTO, Roberto Benigni, Nicoletta Braschi, Giorgio Cantarini, Marisa Paredes, Giustino Durano, Horst Buchholz; PRODUCTORA, Miramax International / Mario & Vittorio Cecchi Gori presentan una producción Melampo Cinematográfica.

La sinopsis es la siguiente:

Unos años antes de que comience la Segunda Guerra Mundial, un joven llamado Guido llega a un pequeño pueblo de la Toscana italiana con la intención de abrir una librería. Allí conocerá a Dora, la prometida del fascista Ferruccio, con la que conseguirá casarse y tener un hijo. Con la llegada de la guerra, los tres serán internados en un campo de concentración, donde Guido hará lo imposible para hacer creer a su hijo que la terrible situación que padecen es tan sólo un juego.

Guido comenzó a relatar una mentira para proteger de los horrores de la Guerra a su hijo. Este fingimiento continuo lo llevó a presuponer que en realidad se trataba de un juego. Aquí cabe la pregunta: ¿el dolor necesariamente significa verdad ante lo inevitable?, ¿no es mejor paliar? Y lo más importante: evitar el dolor a otro, ¿no es un ejercicio de certidumbre y verdad?

El Dragón de Autoengaño "entierra" el dolor. Lo importante es tener la capacidad de que de éste desazón emerja un fruto de oportunidad. Bajo la tierra, un momento precuantificado, puede ayudar a que germinen ideas y soluciones nuevas, e incluso a valorar bienes, situaciones y personas.

En el caso de la película descrita, es más importante el amor que una circunstancia infeliz, por terrible que ésta sea.

El Dragón de la Autocompasión

Pero indolente,
como soy o como me hicieron,
preferí volverme invisible.

José Emilio Pacheco

Érase una vez...

Ellos comparten un nexo sin saberlo y ni siquiera conocerse entre sí.

Ella, Mónica, es una estudiante de secundaria de 13 años. Es muy delgada, tímida, tez morena clara. Obtiene buenas calificaciones, pero pasa inadvertida. Habla muy bajito, pisa con cuidado. Le apena que la noten o que se interesen en ella.

Él, Humberto, es directivo de una empresa de telecomunicaciones de 51 años de edad. Es alto, corpulento y ostenta gran fuerza en su físico, voz, ademanes y decisiones. Suele ser muy convincente y goza de excelente reputación. Es gregario y le encanta ser el centro de atención.

Curiosamente, tienen algo en común: creen firmemente en su infortunio. Mónica denota su insatisfacción con un permanente rictus de dolor en el rostro y suele quejarse abiertamente del clima, maestros, tareas, hermanos, vecinos y compañeros.

Humberto, en tanto, opta por procrastinar su felicidad. Aun cuando tiene muchos éxitos, su frase favorita es: "sería feliz si..." y nunca logra serlo.

Mónica es una quejica. Él es un adicto al trabajo. La insatisfacción permanente de ambos se establece por el dominio del Dragón de la Autocompasión en su vida.

El siguiente es un caso clínico donde se presenta la autocompasión de una manera más velada y, por ende, compleja:

Rodrigo es un hombre de 48 años de edad que acude a consulta aquejado de tristeza, soledad, irritabilidad y alta sensibilidad; también presenta sentimientos de fracaso como persona, padre y como ser humano, además de un gran desánimo y cansancio por vivir, pelear por ello y hacerlo mal.

Afirma sentirse así desde hace tres meses cuando se dio cuenta de que perdía a la mujer que quería. Desde entonces este estado es más o menos permanente a lo largo del día, con picos de nueve a diez en intensidad (de una escala de cero a diez), que pueden durar hasta una hora.

Estos momentos más críticos suelen surgir en cualquier situación o lugar y ante cualquier persona. Dice que, a veces, en primer lugar siente "algo" o bien es una imagen o hecho lo que hace que surja ese malestar.

Cuando ocurre, Rodrigo siente tristeza y angustia, no sabe qué hacer ni cómo actuar; suele pensar en sus hijos y su mujer, en su vida y comportamiento pasado, y lo único que hace es procurar estar solo, continuar con lo que estaba haciendo y/o ir a la iglesia a rezar. Afirma que rezar y llorar en esos momentos es lo único que le alivia, se siente más tranquilo y contento.

Reconoce que todo esto afecta su vida laboral y personal. Su rendimiento muestra un descenso y ya no practica *hobbies* que antes sí solía hacer. Le gustaba leer y estudiar, salir a pasear, y los fines de semana ir al campo y dedicar horas a la bodega y los vinos.

Su red social es estrecha pero también dice que su relación con los demás se deteriora. Actualmente sólo sale a pasear y no tanto como antes. Los fines de semana va al campo, pero no hace nada, sólo visitar a su familia. Afirma: "ahora lo único que hago es ver la televisión", cosa que le horrorizaba.

Rodrigo es una persona rígida en su estilo cognitivo, muy conservadora e, incluso, machista. Reconoce que en su vida nunca había llorado, ni en pérdidas de seres queridos, y que ahora "me siento como un tonto cuando tengo ganas de llorar".

Está separado desde hace dos años y tiene tres hijos de este matrimonio. Comenta que la relación actual con su ex mujer es muy buena: él la mantiene económicamente, así como a sus hijos, con quienes habla casi todos los días. Ella querría volver, pero él en estos momentos no desea hacerlo.

La relación con sus padres la califica de extraordinaria; son muy importantes para él. Su estatus socioeconómico es bastante bueno, es licenciado en derecho y labora en la dirección de una importante institución bancaria. Dice que su trabajo le gusta y le divierte mucho, pero que a veces viaja bastante y no tiene un horario fijo de trabajo, porque tiene que estar las 24 horas del día disponible.

Tras un año de su separación, conoció a una mujer. Buscaba una asistenta y acudió a la casa cuna, donde le recomendaron a Rosa, una chica ecuatoriana, y él la contrató. Con el paso del tiempo, se enamoró de ella y vivieron juntos hasta hace tres meses.

Él reconoce que Rosa es problemática al haberse involucrada en prostitución y drogas, pero decidió darlo todo por ella y por la hija de ésta. Un día ella decidió irse sin avisar, desapareció. Rodrigo tuvo noticias de ella porque apareció en mal estado en una casa de acogida de Barcelona. Él fue a buscarla y la envió a Ecuador con su hija.

Actualmente, Rodrigo les envía dinero todos los meses a Ecuador y tiene muchas dudas sobre qué hacer y cómo actuar ante esta situación. Reconoce que esto es lo que no le deja vivir y lo que, hoy por hoy, le provoca es sensación de tristeza y desamor. Él tiene una permanente sensación de fracaso. Siente que no tiene apoyo de nadie.

En este caso concreto, ¿dónde está la autocompasión? En el manejo del esquema "yo bueno, ella mala". Subyace también la apreciación de incomprensión y víctima manifestada en "no tener apoyo de nadie".

Pero, ¿qué es autocompasión?

Una abstracción selectiva en la que únicamente se ven hechos en los que uno es la víctima.

En las siguientes preguntas es posible detectar dónde está la víctima:

1. Al sentir que se lucha y no se logra mejorar o resolver determinada situación.
2. Pensar que la solución a los problemas depende de lo que hagan o dejen de hacer los demás.
3. Sentirte, en ocasiones, incapaz de enfrentarte al mundo que te rodea.
4. Siempre tener una razón para justificar la propia actitud.
5. Sentir que se tiene poco control sobre la vida y lo que te ocurre.
6. Buscas consejos, pero no seguirlos.
7. Sentirse molesto e incomprendido cuando la gente te quiere ayudar.

Los puntos anteriores permiten inferir la victimización.

Ahora, la diferencia entre los que se autocompadecen y los que no lo hacen, es que los primeros se dedican a ver todo lo malo que les ocurre y que no pueden evitar o solucionar, y los otros se enfocan en lo que quieren que ocurra y en lo que necesitan hacer para lograrlo.

Cuando asumimos que tenemos poco o ningún control sobre lo que nos sucede, que el mundo y/o los demás se aprovechan de nosotros o nos causan daño, esto genera un sentimiento de incapacidad y se desempeña el papel de víctimas.

Existen cuatro situaciones que inciden en el desarrollo de la actitud de víctimas:

1. La vulnerabilidad y dependencia de los niños.
2. Haber vivido en un ambiente en donde se nos compadecía constantemente, escuchando comentarios como: "Pobrecito se siente mal", "pobre, le dejan tanta tarea", "es injusto lo que le pasa, pero no puede hacer nada", "siempre le pasa algo malo". El niño escucha y aprende a pensar igual respecto a sí mismo.
3. El ejemplo de uno o ambos padres que tenían dicha actitud. Los niños tienden a imitar, de manera inconsciente, las actitudes de los padres y de la gente importante en su vida.
4. Haber sido realmente víctimas, de algún tipo de abuso físico, sexual, psicológico o emocional. El impacto de

estas vivencias puede ser tan intenso que repercuta a lo largo de toda su vida, pero aún en estos casos, pueden y "deben" trabajarse las consecuencias, para tener una vida mejor.

La autocompasión, como el autoengaño, actúa para disminuir el dolor y reduce el impacto de la culpa. Impide ver el problema en toda su magnitud. Es parcial, pero mientras el autoengaño en general rescata las cuestiones positivas, la autocompasión se enfoca en lo negativo, lo que impide ver diferentes soluciones.

La autocompasión también propicia que nos alejemos de la gente y nos mantiene centrados en nosotros mismos. De manera simultánea, impide que nos responsabilicemos de lo que nos sucede y que actuemos, porque al culpar a los demás asumimos que son ellos los que pueden y "deben" hacer algo para mejorar la situación. Esto hace que tratemos de presionarlos o manipularlos, con lo que generamos nuevos conflictos y se fortalece el rol de víctima. Finalmente, la autocompasión nos paraliza, porque sentimos que no podemos hacer nada al respecto, ya que no tenemos ni la capacidad ni el control necesario para resolver la situación. Creemos, erróneamente, que estamos a merced de un destino caprichoso, funesto y malvado.

En el caso de Rodrigo, pudimos observar algunas de las expresiones de la autocompasión: llorar, quejarse, buscar comodidad ("sólo veo la televisión") y compasión.

Una reiterada autocompasión durante la niñez y adolescencia puede generar una dependencia de ésta. Es decir, se convierte en un hábito autónomo de queja interior. Genera "al niño autocompasivo en el adulto" y la personalidad del "pobre de mí" de la niñez sobrevive. Se dice así que la autocompasión es el "niño que habita en el adulto".

En la siguiente gráfica aparecen los elementos para que la autocompasión aparezca.

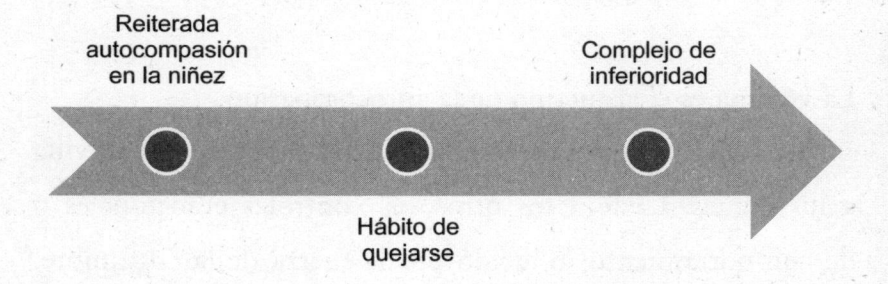

Gerald J.M. van den Aarweg, doctor en psicología por la Universidad de Ámsterdam, dice que si vivimos en un mundo infantil de "pobrecito", generamos una adicción a este epíteto "e inconscientemente actuamos para reforzar tal referente. Comenzamos a buscar la victimización".

La queja continua, por otra parte, "no sólo desencadena la conmiseración por uno mismo y el sentido de lástima y minusvalía propia. También es la causa principal de la depresión", asevera el también catedrático universitario.

En cuanto al complejo de inferioridad, que representa el tercer elemento para que aparezca el Dragón de la Autocompasión, el especialista asegura que "el sentirse menos que los demás en gran medida se propicia por compararse continuamente con los otros. Existe un estudio en el que se comprobó que la depresión se acentuó en un grupo de mujeres luego de ver revistas femeninas, porque existe una comparación inconsciente con las modelos presentadas".

ARQUETIPOS, COLOR Y DISFRACES

La víctima es el arquetipo de la autocompasión.

Una víctima se caracteriza por ceder el control de su vida a los demás. Cede a los otros sus controles emocionales o de comportamiento inducido por la fuerza de la costumbre. Víctima es quien desenvuelve su vida de acuerdo con los mandatos de los demás. Así, realizan cosas que en realidad preferirían no hacer o son manipuladas para desarrollar actividades que representan un gran sacrificio personal, por lo que incuban un soterrado resentimiento.

Víctima es ser gobernado y compulsado por fuerzas ajenas a uno mismo. Víctima es quien actúa desde una base de debilidad. Se deja dominar, se somete a los demás porque cree que no es lo suficientemente listo, hábil, fuerte, inteligente, bello, etcétera, para estar a cargo de su propia vida. Así, inconscientemente rehúsa la autonomía.

¿Cuándo se percibe la víctima? Cuando su vida no funciona en beneficio propio. Cuando existen comportamientos contraproducentes, cuando se perciben sentimientos de desdicha, desplazamiento, dolor, angustia, temor de la propia identidad o inmerso en situaciones descontroladas. Generalmente, cuando se percibe que fuerzas ajenas "mueven" nuestra vida, es que ya permitimos que el arquetipo de víctima impere en nosotros.

Existen ejemplos de víctimas en la cinematografía como Hillary Swank en *Boys Don't Cry*, Jodie Foster en *Acusados*, Meryl Streep en *La decisión de Sofía* o Glenn Close en *El Misterio Von Bulow*. En teatro, *Torch Song Trilogy* de Harvey Fierstein y en la religión Isaac, hijo de Abraham a quien Dios ordena sacrificar.

Y entre los personajes que podríamos considerar simbólicos de victimización están Miguel Ángel (1474-1564), Martín Lutero (1483-1546), Ignacio de Loyola (1491-1556), Anne Grenville, Albrecht von Haller (1708-1777), Johann Georg Zimmermann (1728-1795) o el filósofo Arthur Schopenhauer (1788-1860).

Todos ellos son conocidos casos psiquiátricos de depresión pero, además, en algún momento de su vida se asumieron como víctimas o marionetas del destino.

Hasta este momento hemos hablado de conceptos estrechamente relacionados entre sí: inferioridad, coexistencia de infantilismo en el adulto y víctima. Todos ellos de alguna manera convergen en el Dragón del Autoengaño.

Se trata de un dragón café que da cuenta de su sencillez y predisposición al servicio.

Este color nos conecta con sentimientos densos y pesados. El café es el color de lo feo, antipático, antierótico y desagradable. El color de quien se considera menos y por ello se pone al servicio de los deseos, necesidades y expectativas de los otros. En el café desaparecen todos los colores luminosos y se desvanece toda pasión. En la naturaleza es el color de lo marchito, de lo que se extingue. Es el color del otoño y de un dragón que suele transportarnos a la depresión y a la lástima por nosotros mismos.

El disfraz que asume el Dragón de la Autocompasión es el de víctima. Y aquí cabe una reflexión de Carolyne Myss que se contrapone a este siniestro arquetipo: "…cuando no buscas ni necesitas la aprobación de los demás eres más poderoso. Nadie puede debilitarte ni emocional ni psicológicamente… esto permite inferir por qué la conocida frase de Hamlet: "Sé fiel a ti mismo", se considera un mandamiento espiritual. No se puede vivir durante momentos muy prolongados en la encrucijada de ser fiel a uno mismo y necesitar la aprobación de los demás. En algún momento te darás cuenta que te estás perjudicando al supeditar tu forma de ser a la aprobación ajena… si condicionas tu forma de ser para obtener la aprobación de otra persona, es un ejemplo concreto de cómo te desprendes de una parte de tu espíritu".

Hay una característica en el disfraz de víctima que lo hace

pasar inadvertido. Uno es su color pardo, apagado. Otro es que suele confundirse con urbanidad, buenas maneras… y no es sino el pernicioso hábito de agradar.

Para estimar el actual perfil de víctima, te proponemos este juego: revelar a la víctima.

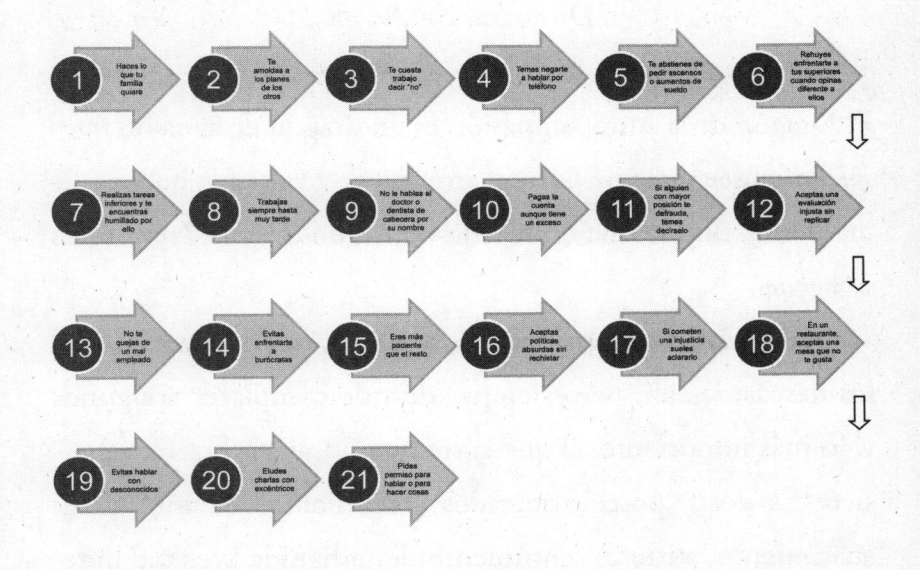

En la figura anterior, cada "sí" implica que avances una casilla. Es un esquema estructurado por el psicoanalista Wayne W. Dyer, autor del bestseller *Tus zonas erróneas*, para estimar su actual perfil de víctima. Cada "sí" implica recorrer una casilla más hasta que en el paso 22 te encuentras con un personaje que extrañamente siempre está contigo sin que te percates. ¡La víctima!

En el disfraz de la autocompasión existe un elemento que resulta imprescindible para representarlo: la guadaña, el arma punzocortante con el que se representa la muerte y que el Dragón de Autoengaño emplea sistemáticamente para cercenar, inconscientemente, respeto y autoestima. Al ceder las riendas de tu vida pierdes control en tu cuerpo, mente o alma y espíritu.

DRAGÓN DE AGUA

El Dragón de la Autocompasión es un dragón de agua o *Draco splends* posee una voz dulce y armoniosa y valora la belleza. Es un animal tímido que no se deja ver, según el *Gran Libro de los Dragones*.

Preocupado siempre por la armonía, suele hacer lo que los demás desean, pero siempre deja de complacer a algunos y, lo más importante, él queda siempre insatisfecho. Es depresivo. Es decir, posee arraigados sentimientos de inutilidad, abatimiento, tristeza, sentimiento de indignidad, culpa, indefensión y desesperanza. Todo esto lo lleva a la soledad, a la pérdida de motivación, retraso motor y fatiga. El Dragón del Autoengaño se considera desgraciado, frustrado, humillado, rechazado o castigado. Mira el futuro sin esperanza.

De hecho, la autocompasión y la depresión tienen un nexo muy fuerte y de acuerdo con las últimas estadísticas de la Organización Mundial de la Salud, en el mundo hay 330 millones de personas con depresión, un trastorno mucho más profundo y resistente que la simple tristeza: afecta los hábitos de vida, la convivencia social, el trabajo y hasta el sistema inmunológico. "Hay que entender que la depresión es una patología y no un estado pasajero".

Los síntomas de la depresión, comunes en la autocompasión, se manifiestan como cefaleas, dolores musculares, lumbago, insomnio, fatiga crónica, colon irritable, úlceras, aislamiento, irritabilidad.

A diferencia de la tristeza normal, o la del duelo que sigue a la pérdida de un ser querido, la depresión patológica análoga a quienes se autocompadecen, es una tristeza sin razón aparente que la justifique, y además es grave y persistente. Puede aparecer acompañada de varios síntomas concomitantes, incluidas las perturbaciones del sueño y de la comida, pérdida de iniciativa, autocastigo, abandono, inactividad e incapacidad para el placer.

Los individuos deprimidos y autocompasivos en general muestran:

- *Una consideración negativa de sí mismo.* La persona deprimida muestra una marcada tendencia a considerarse como deficiente, inadecuada e inútil y atribuye sus experiencias desagradables a un defecto físico, moral o mental. Tiende a rechazarse a sí misma, ya que cree que los demás la rechazarán.
- *Una consideración negativa del mundo.* Se siente derrotado socialmente. Considera al mundo como haciéndole enormes exigencias y presentándole obstáculos que se interfieren con el logro de los objetivos de su vida.

- *Una consideración negativa del futuro.* Ve el futuro desde una perspectiva negativa y le da vueltas y más vueltas a una serie de expectativas negativas. El deprimido prevé que sus problemas y experiencias comunes continuarán indefinidamente y que ocurrirán otros mucho peores en su vida.

Las personas deprimidas tienden a deformar sus experiencias, mal interpretan acontecimientos concretos e irrelevantes tomándolos como fracaso, privación o rechazo personal. Exageran o generalizan excesivamente cualquier situación por más sencilla que sea, tienden también a hacer predicciones indiscriminadas y negativas del futuro. Todo siempre va a ir contra sí mismo, acentuando lo negativo hasta casi excluir los hechos positivos.

Las dimensiones biológicas, psicológicas y espirituales constituyen los factores endógenos (interno) de la depresión, mientras que la dimensión social, establece el factor exógeno (externo) de este mal.

La dimensión biológica considera al sistema nervioso —central y periférico— como el asiento de psiquismo y del aporte que le hace el sistema endocrino para su correcto funcionamiento.

La dimensión psicológica la encontramos en el sentido de identidad, de vida interior, en los vínculos con personas significativas del pasado y del presente, en la capacidad afectiva y emocional.

También se puede encontrar una dimensión espiritual, que se manifiesta en un ir más allá de lo meramente psíquico, cuando la vida interior se proyecta sobre el amor o la libertad como expresión profunda del yo interior, o en la búsqueda o sentimiento de la trascendencia, o en la superación del sufrimiento y del mí mismo proyectándose hacia otros, y que puede no responder como se espera, lo que provoca alteraciones depresivas.

Finalmente encontramos una dimensión social, que está constituida por la necesidad humana de vivir en conjunto con otras personas y formar grandes conglomerados que podemos llamar grupos, tribus o sociedades, y cuyo desarrollo anormal suele ser parte del contexto de numerosos cuadros depresivos actuales.

La dimensión social surge de esa cualidad tan repetida: el ser humano es un ser sociable por naturaleza. Es decir, que se realiza como ser total y completo sólo cuando está en compañía de otros seres humanos y forma grupos en interacción con fines comunes de supervivencia.

De manera que un ser humano normal que experimenta sus emociones, vive proyectándose en el futuro, es un ser que vive en un mundo tanto interior como exterior. Por lo mismo, requiere mantenerse en un delicado sistema de equilibrio.

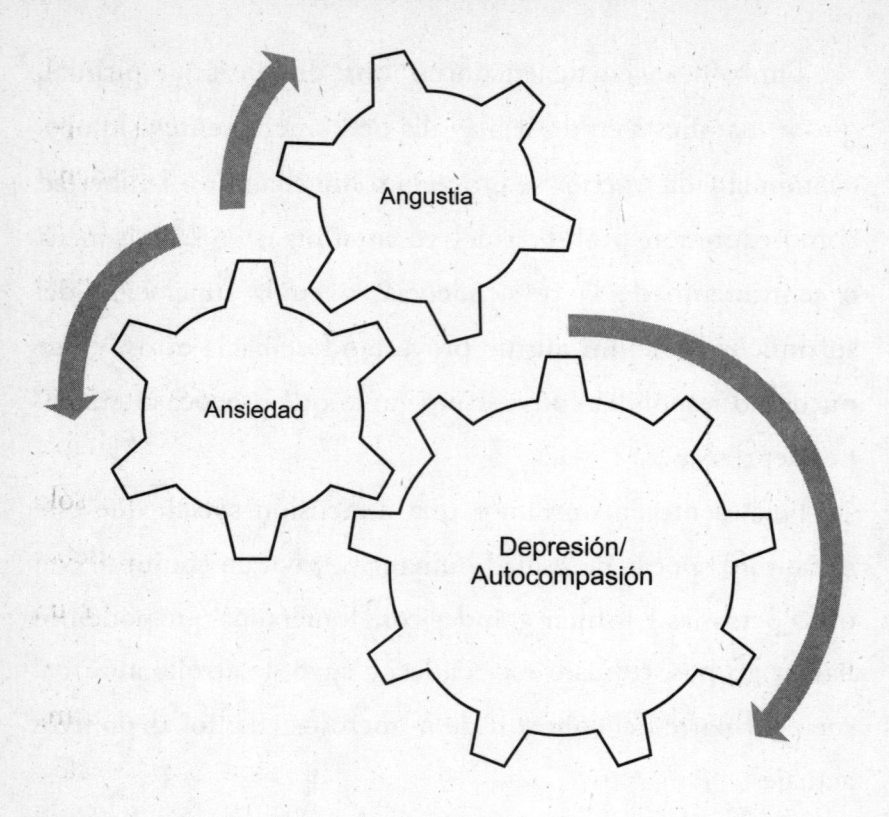

La angustia y la ansiedad no son lo mismo que la depresión, pero sí son fenómenos que de persistir en el tiempo, pueden causar cuadros depresivos desagradables.

La angustia ha estado con los seres humanos desde la prehistoria y hasta el desarrollo de la historia moderna de los pueblos de la tierra acompañándonos cada vez que alguna alteración nos recuerda de nuestra fragilidad frente a los cambios o transformaciones de nuestro entorno, pero como un reforzamiento de nuestra vinculación con otros seres humanos que con su confort o su apoyo puede aliviarla o simplemente hacerla desaparecer.

La ansiedad, por su parte, es un desasosiego íntimo ante la necesidad de desprenderse rápidamente de la situación en que se está, a fin de abordar la próxima y ello en una larga cadena, o bien el deseo de alcanzar algo. Así, el hombre actúa en su vida diaria apresurado por terminar lo de ese momento para emprender lo que siga.

Las presiones del mundo moderno desencadenan ansias por obtener bienes o por mostrar consumos, cuya principal característica es que son productos y eventos efímeros que sólo dejan la ansiedad de obtener o usar los siguientes, por deber o novedad, sin que haya verdadero gozo en retener por un tiempo suficiente el instante que se vive.

La angustia se alojaría más en los estratos corporales como constricción pectoral, taquicardia, dolores torácicos... Se aloja en el cuerpo. La ansiedad se evidencia más en lo psíquico, como un sentimiento. Mora en la mente o alma. La ansiedad es un mal de la (pos)modernidad carente de la connotación de estado normal o natural del ser humano si se la compara con la angustia, porque es la ansiedad la que está presente en cada una de las preocupaciones y miedos que resultan de los cambios de la vida moderna.

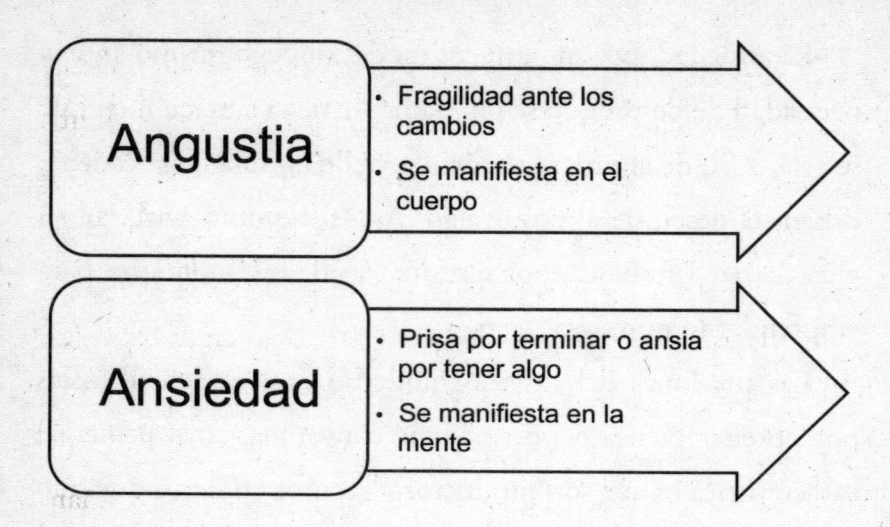

Existe un síndrome llamado *Burnout* o síndrome de "estar quemado", que recoge una serie de respuestas a situaciones de estrés que suelen provocar la "tensión" al interactuar y tratar reiteradamente con otras personas. Este síndrome se manifiesta en los siguientes aspectos:

a) Psicosomáticos: fatiga crónica, frecuentes dolores de cabeza, problemas de sueño, úlceras y otros desórdenes gastrointestinales, pérdida de peso, dolores musculares.

b) Conductuales: ausentismo laboral, abuso de drogas (café, tabaco, alcohol, fármacos), incapacidad para vivir de forma relajada, superficialidad en el contacto con los demás, comportamientos de alto riesgo, aumento de conductas violentas.

c) Emocionales: distanciamiento afectivo como forma de protección del yo, aburrimiento y actitud cínica, impaciencia e irritabilidad, sentimiento de omnipotencia, desorientación, incapacidad de concentración, sentimientos depresivos.

d) En ambiente laboral: detrimento de la capacidad de trabajo detrimento de la calidad de los servicios que se presta a los clientes, aumento de interacciones hostiles, comunicaciones deficientes.

Este síndrome se da más en profesionales de la enseñanza y en profesionales de la salud como médicos, psiquiatras, psicólogo, enfermeros y trabajadores sociales. Curiosamente, son estos trabajadores los que mayor grado de autocompasión también presentan así como quienes realizan trabajos cercanos a la muerte o accidentes: camilleros, voluntariados de cruz roja y verde, personal de ministerios públicos y cárceles, vendedores de servicios funerarios, panteoneros y similares.

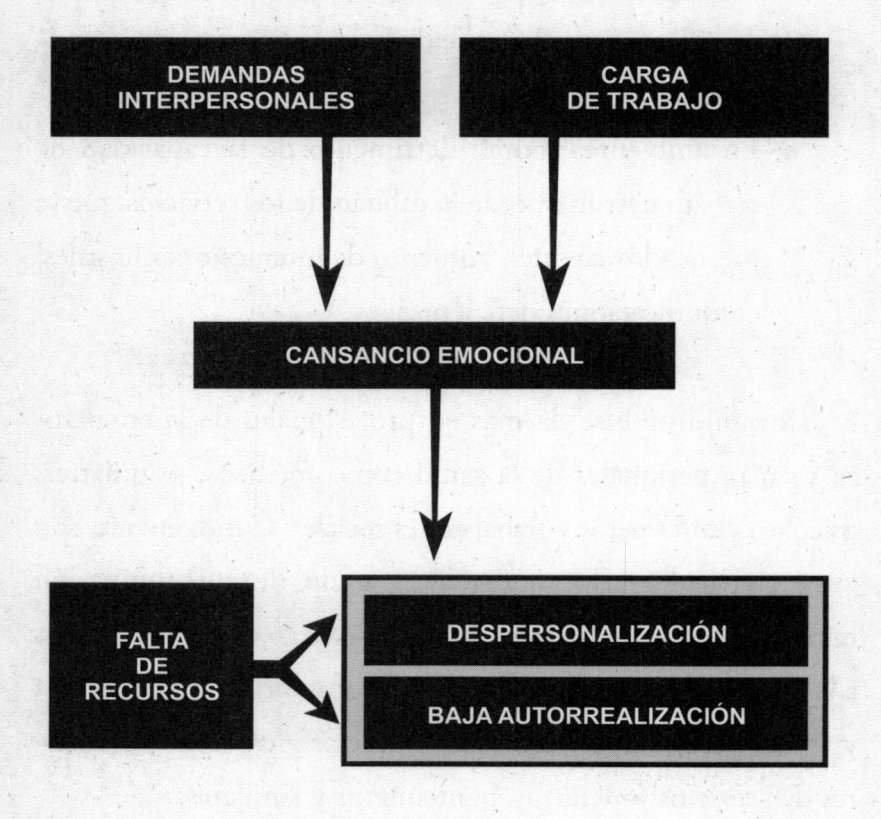

En el modelo anterior se explica que puede considerarse un síndrome de autocompasión laboral. Ahora formulamos dos ecuaciones sobre la autocompasión en general. La primera presenta dos factores, la segunda agrega uno más. El resultado en ambas es autocompasión.

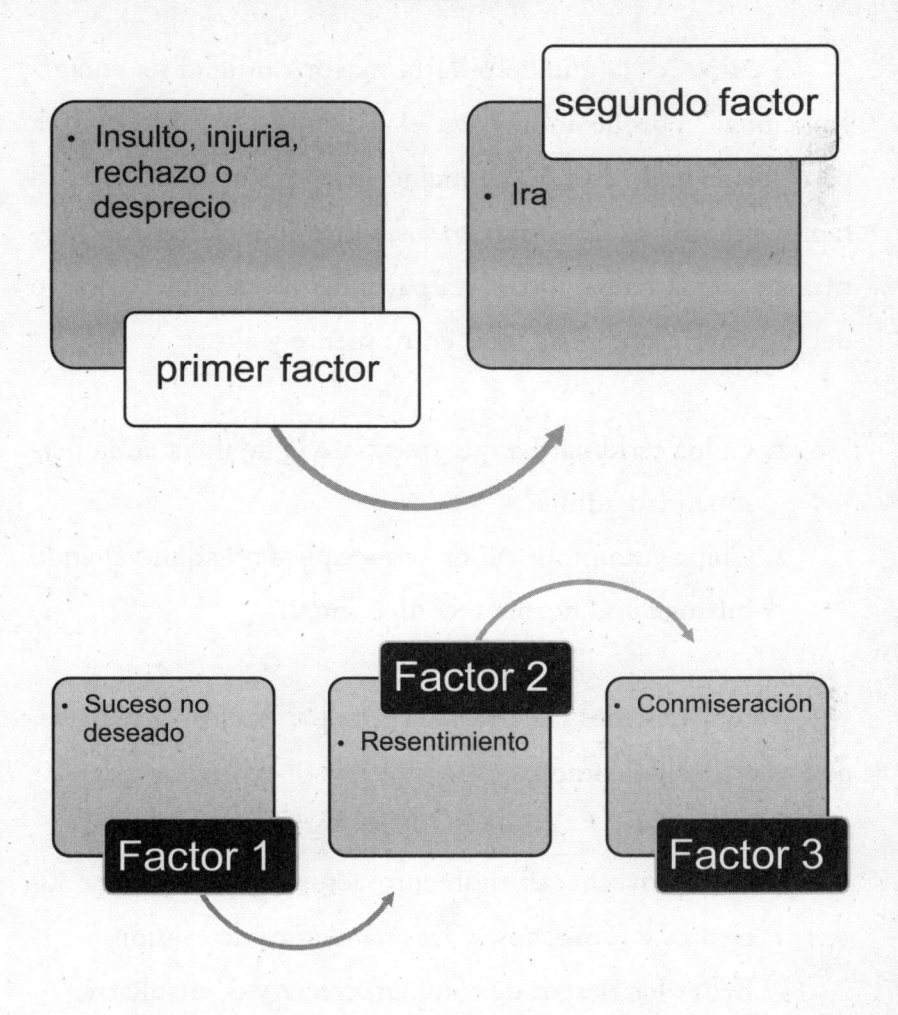

Las analogías del autoengaño con la depresión y *Burnout*, nos permiten detectar que el síndrome del dragón café no discrimina por clases socioeconómicas, aunque su prevalencia es mayor en mujeres de 25 a 45 años de edad, presumiblemente por desempeñar múltiples roles laborales y familiares. Otra explicación posible es que pertenecen a una generación en la que se ha educado basados en la culpa, sentimiento en el que se incuban grandes complejos y anomalías psicológicas.

La culpa "es la que despilfarra mayor cantidad de energía emocional" porque inmoviliza el presente con algo que ya pasó, de acuerdo con la definición del psicoanalista Dyer. El también autor de *Tus zonas erróneas* dice que existen dos formas de que la culpabilidad sea parte del mecanismo emotivo del individuo, que se adentre en tu mente y alma:

1. Culpa residual. La que queda de la infancia en la personalidad adulta.
2. Culpa autoimpuesta. Es la que aplica un adulto cuando infringe una norma o código moral.

¿Por qué tenemos tan arraigada la culpa? Por los "beneficios" que trae consigo como:

a) No aprovechar el momento actual en actividades eficientes y provechosas. Es una técnica de evasión.
b) Evitar los riesgos de cambiar, crecer y desarrollarse.
c) Exonerarte de tu mal comportamiento. Éste es un mito muy arraigado.

Antes de proseguir, se requiere limpiar la culpa de las tres torres de tu castillo.

Necesitas un balde de agua clara, papel para escribir (blanco), plumín, tijeras de papel.

En una hoja, escribe de qué te sientes culpable constantemente. Recorta cada uno de estos factores de culpa. Mira atentamente cada uno de ellos y sumérgelos hasta el fondo, lentamente; mientras, mentalmente, imploras perdón por tu intervención consciente o no de esto. Observa cómo se diluyen las letras e incluso el papel. Es un homenaje al pasado. Está intacto, pero tu presente ya carece de las sombras de antaño.

¿Recuerdas el mandato de Hamlet? "Ser fiel a ti mismo". Esto implica que antes de agradar a otros, por muy importantes que éstos sean, debes agradarte tú. Primero está el cumplimiento de tus necesidades, deseos y expectativas, y luego la de los otros. En el siguiente juego "Descubre a la víctima", podrás aprender a escucharte.

En esta relación de valores, palomea aquellos en los que crees realmente, no en los que te obligaron o inducen a seguir. A partir de ese momento esos son TUS valores y nada ni nadie los puede trastocar. Son tuyos, son reales y son parte de lo que eres realmente. Son tu esencia.

- Honor. Discernir entre bueno y malo y optar por lo primero. Debe distinguirse entre la vergüenza narcisista en la que subyace el propósito de aceptación de un grupo determinado y la vergüenza narcisista que parte de una convicción íntima. Esta última es la que determina el honor.
- Responsabilidad. Asumir las consecuencias de tus decisiones y actos.

- Disciplina. Perfeccionar poco a poco cuerpo, mente y espíritu.

- Humildad. Es "la mente del principiante". Contraparte de la soberbia.

- Amor propio. Es el afecto y cariño prodigado hacia el ser, hacia el individuo que es.

- Dignidad. Ocupar el lugar que legítimamente te corresponde en el universo. La voz íntima que te dice "puedo sentirme orgulloso de la persona que soy".

- Integridad. Integra todo lo que la persona es. Precisa honestidad consigo mismo.

- Respeto. Franca cortesía. Evita juzgar.

- Honestidad. La verdad surge desde dentro de nuestro espíritu.

- Lealtad. Una muestra de agradecimiento perenne en el que se honra al otro por la persona que es.

- Fidelidad. Fe en algo o alguien.

- Servicio. Un acto de gratitud con la vida y de consideración hacia el resto de la gente.

- Confianza. Creer en nosotros y en los demás.

- Paciencia. Tranquilidad para poder esperar.

"Descubre la víctima" es un juego basado en Dyer. Se trata de un simple tablero con 50 casillas que muestran el perfil de víctima que manejas y, por ende, si te autocompadeces.

En 50 tarjetas escribe las siguientes preguntas:

1. Si demoraron más de lo usual en atenderte en un restaurante, ¿das la propina de cualquier manera?

2. Estás muy atareado y un familiar insiste en cotillear contigo. ¿Hablas con él y suspendes lo que estabas haciendo?

3. Te estás dando un delicioso baño de burbujas o cualquier otra actividad placentera y suena tu celular. ¿Respondes?

4. Tu pareja cambia inesperadamente de planes que interfieren con uno de tus proyectos. ¿Rehúsas seguir adelante?

5. En tu plato hay un alimento que no te gusta. ¿Lo comes de cualquier forma?

6. Alguien pierde algo y te echa la culpa, ¿comienzas a buscar el objeto en cuestión?

7. Quieres asistir solo a una reunión social y alguien insiste en acompañarte. ¿Asistes con él/ella?

8. Un pesimista trata de arrastrarte a su estado de ánimo, ¿le sigues la corriente?

9. Alguien se queja de que no está hecha determinada tarea que estrictamente no te corresponde, ¿te apresuras a realizar esa labor?

10. Tienes prisa y en el banco no avanza la cola porque los empleados conversan entre sí. ¿Esperas tu turno sin reclamar?

11. Entras a un centro comercial 30 minutos antes de que cierren. Un empleado rehúsa atenderte. ¿Decides regresar por tus compras al otro día?

12. El televisor del hotel no funciona y tú lo requieres. ¿Rehúsas dar la queja?

13. En una entrevista laboral te hacen preguntas molestas para ver cómo reaccionas. ¿Te limitas a contestar?

14. Tu médico te sugiere una intervención quirúrgica. ¿Aceptas su diagnóstico sin pedir una segunda opinión?

15. Hay oportunidad de un ascenso laboral. ¿Esperas a que tu jefe directo te proponga?

16. Fallece un familiar lejano y no deseas asistir. ¿Vas al funeral de todas formas?

17. Un "amigo" que sólo te habla cuando requiere algún favor, te solicita un préstamo. ¿Accedes a realizarlo, pese a sentirte "atropellado"?

18. Tu familia te pide que les prepares la comida, aunque tú no deseas hacerlo. ¿Los complaces?

19. Te piden que organices la reunión de fin de año para tus compañeros de trabajo. Es una tarea que te molesta sobre manera. ¿La realizas a regañadientes o te niegas?

20. En una fiesta de gala en la que no deseas arreglarte, ¿vistes de etiqueta?

21. En casa hay un tiradero de los otros miembros de la familia ¿recoges todo?

22. Tu cónyuge te maltrata y después quiere hacer el amor. ¿Lo complaces?

23. Un malhablado gritonea delante de ti. ¿Te sientes agredido?

24. Un mal conductor intercepta su carril. ¿Vociferas y te enojas?

25. Tienes un familiar enfermo. ¿Te rehúsas a salir para cuidarlo?

26. Comes con unos amigos y te dan a ti la cuenta, ¿pagas la cuenta de todos?

27. Te cobran de más en una tienda. ¿Reclamas la cifra correcta?

28. ¿Le das propina al empacador aunque fuiste tú el que envolvió la compra porque él estaba distraido?

29. Tus hijos quieren ir a jugar a la casa de un amigo y sugieren que suspendas tus planes de salir para llevarlos. ¿Los complaces y desbaratas tus planes?

30. Una persona realiza proselitismo sobre un asunto que no le importa ¿Aceptas escucharlo indefinidamente para que no se sienta mal?

31. Te hablan por teléfono a deshoras para ofrecerte un servicio ¿Escuchas atentamente la propuesta?

32. Te gusta un diario determinado pero tus familiares prefieren otro. ¿Compras el que les gusta a ellos?

33. En la sala ves tu programa favorito pero tu pareja desea ver un canal distinto ¿Lo cambias de acuerdo con su sugerencia?

34. Tu pareja te sugiere un corte de pelo que no te convence, ¿Aún así te lo cortas como ella desea?

35. Vas a dar una fiesta en tu casa y una amiga te dice que

des de cenar. ¿Sirves lo que ella recomendó, aunque salga de tu presupuesto?

36. De última hora, ¿cancelas una reunión con tus amigos porque te piden que cuides a tus sobrinos?

37. Alguien sin importancia devalúa tu trabajo injustamente, ¿comienzas a justificarte?

38. Una persona te solicita un préstamo y no te lo regresa. ¿Te angustias ante la desconsiderada conducta?

39. En una reunión social en la que no conoces a nadie, ¿esperas a que alguien te integre a un grupo?

40. Un desconocido se cuela en la fila bancaria. ¿Lo dejas pasar?

41. Estás a dieta y te insisten en tomar un postre rico en calorías. ¿Lo comes pese a incumplir tu régimen?

42. Un vendedor insiste en que adquieras un bien o servicio que no quieres. ¿Aceptas que te haga una larga presentación de ventas?

43. Compras por catálogo un objeto y cuando te lo entregan dista mucho de lo prometido. ¿Lo aceptas?

44. Tienes una cita con el médico y éste te hace esperar indefinidamente. Cuando finalmente entras a consulta, ¿evitas reclamarle?

45. Tomas un diplomado y el maestro es poco versado en la materia. ¿Decides concluir el curso pese a esto?

46. Estás a punto de tomar la palabra y alguien decide hablar por ti. ¿Te quedas callado ante esa intervención?

47. Ante una pregunta muy íntima realizada por un extraño, ¿le respondes pormenorizadamente?

48. Si eres vegetariano y te sirven carne en una comida familiar, ¿te comes la carne?

49. Tienes una agenda repleta, ¿te sientes tenso por ello?

50. Alguien comienza a aconsejarte sobre múltiples cuestiones sin que le hayas pedido su parecer, ¿escuchas fastidiado lo que quiere decirte?

Cada respuesta afirmativa a estas cuestiones, y cualquiera otras en las que por complacer a otros tú te sientes mal (atropellado, vejado, manipulado, burlado, sometido, abusado, humillado, ignorado, infeliz…) implica un avance en la carrera hacia convertirte en víctima, un rasgo esencial de la autocompasión. Ahora falta que completes la imagen.

EL ESPEJO DE LA AUTOCOMPASIÓN

El siguiente cuestionario contiene una serie de grupos de frases. Lee cada uno de estos grupos cuidadosamente. A continuación elije la frase dentro de cada grupo que describa mejor cómo te sentiste hoy y toda la semana pasada. Coloca un círculo alrededor del número junto a la frase que elegiste. Si consideras que varias de las frases del grupo son igualmente válidas, coloca un círculo en cada una de ellas. No olvides leer todas las frases de cada grupo antes de hacer su elección.

1)	0 No me he sentido angustiado(a) o con miedo.
	1 Me he sentido angustiado(a) o con miedo algunos días.
	2 Me siento angustiado(a) o con miedo casi todos los días.
	3 Me he sentido con gran angustia o miedo, especialmente al despertar en la mañana.
2)	0 No he sentido cambios en mi capacidad para concentrarme.
	1 Me he sentido con algunas dificultades para concentrarme.
	2 Me cuesta mucho concentrarme, especialmente en las mañanas.
	3 No puedo concentrarme en nada, en ningún momento del día.
3)	0 No me he sentido con inquietud o intranquilidad en el cuerpo.
	1 Algunos días me he sentido con inquietud o intranquilidad en el cuerpo.
	2 Casi todos los días me siento con inquietud o intranquilidad en el cuerpo.
	3 Prácticamente siempre me siento con inquietud o intranquilidad en el cuerpo.
4)	0 No he sentido variación en la velocidad con que pasa el tiempo.
	1 He sentido que el tiempo se me hace más largo que lo habitual algunos días.
	2 He sentido que el tiempo se me hace más largo prácticamente todos los días.
	3 El tiempo y los días se me hacen eternos.
5)	0 Generalmente cuando despierto veo el día como interesante.
	1 Cuando despierto veo el día pesado y preferiría seguir durmiendo.
	2 Cuando despierto veo el día como tedioso e igual que todos los días.
	3 Cuando despierto veo el día como negro y prácticamente no puedo enfrentarlo.
6)	0 Bebo alcohol igual que siempre.
	1 He estado bebiendo un poco más que lo habitual.
	2 Bebo mucho más que lo habitual, sin llegar a embriagarme.
	3 Bebo mucho más que lo habitual y me embriago mucho más que lo habitual.
7)	0 Puedo pensar normalmente.
	1 Me he sentido con menos ideas que antes.
	2 Me he sentido con el pensamiento como nublado.
	3 Prácticamente no puedo pensar.

> Suma todos los puntos que obtuviste. Un alto puntaje indica la presencia de depresión en tu vida. Si a esto sumas los resultados de ser o no víctima, obtendrás el espejo de la autocompasión.
>
> **Recuerda:** *el Dragón de la Autocompasión aparece si sufres depresión y eres una víctima real o en potencia.*

Para reflexionar...

¿Cuándo es importante la autocompasión? Cuando necesitas "lamerte" las heridas antes de iniciar un nuevo combate, cuando estás muy cansado y necesitas una breve tregua, cuando quieres una pausa para determinar qué y cómo lo quieres, cuando no hay nadie en ese momento que te diga "¡eres grandioso y puedes hacer lo que te propongas!"

Ya viste el rostro de la autocompasión hace un momento. Ahora respira profundamente. Hay algunos aspectos que debes considerar:

Emerge una nueva tendencia en psicología: la exploración de estados de ánimo positivos en contraposición con el enfoque tradicional centrado en patología.

Así, investigadores de las universidades de Duke y Wake Forest informaron de los resultados de cinco estudios sobre el carácter poco estudiado de la autocompasión, o de la habilidad de tratarnos con amabilidad a nosotros mismos cuando las cosas van mal. Ellos consideran que la autocompasión tiene tres componentes:

1. El ser gentil y comprensivo hacia uno mismo en lugar de ser autocríticos.

2. "Humanidad común", o ver las experiencias negativas de uno como parte normal de la condición humana. Se vale errar.

3. "Aceptación consciente" o responder con ecuanimidad en lugar de sobre identificarse con pensamientos y sentimientos dolorosos.

La investigación midió las reacciones de los participantes al recordar experiencias negativas reales e imaginó acontecimientos negativos. Así recibió retroalimentación crítica de otros y comparó sus propias evaluaciones al hacer una tarea y la de otra persona que realizaba el mismo proceso. Se medían también las reacciones de los participantes que fueron orientados a tener una actitud de autocompasión. Esto es lo que encontraron:

- Las personas con mayor autocompasión tenían menos reacciones negativas a eventos reales, recordados o imaginados.

- Para las personas con autocompasión, su visión de sí mismas depende menos del resultado de los acontecimientos, porque responden de una manera amable y aceptable hacia sí mismas si las cosas iban bien o mal.

- La autocompasión hace posible que la gente acepte la

responsabilidad de una experiencia negativa, pero tienen menos sentimientos malos acerca de ello.

- Los sentimientos positivos de autocompasión no parecen implicar la arrogancia, el narcisismo o las ilusiones de autoelevación que caracterizan a algunas personas con alta autoestima.

Los estudios sugieren que la "autocompasión parece ser responsable de algunos de los efectos positivos de la autoestima", reportó el investigador doctor Mark Leary. Esto porque tal característica "ayuda a la gente a no añadir una capa de autorrecriminación sobre cualquier cosa mala que le hay sucedido a ella. Si la gente sólo aprende a sentirse mejor sobre sí misma, pero continúa martillándose cuando falla o comete errores, no podrá hacer frente a sus dificultades de un modo no defensivo".

¿Por qué son importantes estos resultados? El énfasis de Occidente en la competencia y en el individualismo, generan una cultura en la que la mayoría de nosotros somos muy autocríticos e implacables hacia nosotros mismos. La mayoría llevamos un "crítico interior" en nuestra mente que puede ser nuestro peor enemigo, porque actúa como un verdugo que continuamente ataca, castiga y consume energía.

En general, los terapeutas reportan que los ataques de la crítica interna causan, o por lo menos contribuyen a muchos problemas que incluyen ansiedad, depresión, insatisfacción, desesperación, así como adicciones y compulsiones.

¿Podemos aprender a ser menos autocríticos y mucho más compasivos hacia nosotros mismos? Cada vez hay más pruebas de que sí sea posible.

Otra tendencia reciente en psicología es la introducción de prácticas del Oriente, sobre todo budista, para el desarrollo de cualidades tales como la calma, la ecuanimidad, la bondad y la compasión.

Un número creciente de médicos descubren que muchas de estas prácticas, independientemente del contexto religioso en que surgieron, llegan a ser técnicas psicológicas sofisticadas que ayudan a las personas a desarrollar una vida emocional más positiva. Parece ser que la autocrítica severa es sólo un conjunto de hábitos mentales, y que existen métodos eficaces para volver a entrenar la mente con nuevos hábitos.

El Dragón del Autosabotaje

Libértame de mí. Quiero salir de mi alma.
Yo soy esto que gime, esto que arde, esto que sufre.
Yo soy esto que ataca, esto que aúlla, esto que canta.
No, no quiero ser esto.

Pablo Neruda

Érase una vez...

Una reina de belleza tropieza y cae estrepitosamente durante el desfile de gala de un certamen internacional; el arquero favorito a obtener la medalla de oro en los juegos olímpicos falla ostensiblemente en el último tiro; un avezado estudiante olvida la fórmula de una ecuación para resolver el examen final. ¿Sólo se trata de raras coincidencias?

Veamos este caso clínico:

Una mujer de 48 años acude a consulta por una sensación de vacío, "tengo la sensación de no ser yo misma, vivo sin emociones y siento tanta rabia que podría matar, a veces tengo la sensación de ser dos: la razón y la emoción".

Ella refiere "bloqueos emocionales" en la infancia: a los seis años, a la salida del colegio, va hacia las otras mamás, les coge de la mano y les pide que por favor la lleven a su casa. Laura recuerda que a los cinco años el padre se entera, por medio de ella, de que su madre tiene un amante y entonces Laura se encuentra entre los dos, la madre la culpa por haberla descubierto y el padre no soporta haberse enterado, y también la culpa.

Ella comenta que su padre era un hombre muy raro, taciturno, extremadamente celoso. Lo describe como un hombre sin amigos, muy obsesivo.

Tiene un recuerdo de cuando era pequeña de que su madre intentó ahogarla en la bañera.

Posteriormente puede poner de lado el hecho al saber que su madre padecía depresión crónica y también la recuerda cuidándola.

De pequeña hasta la adolescencia, Laura fue obesa, su madre la llevó a un médico endocrino, pero sólo en dos ocasiones, porque era muy caro, mientras que al hermano mayor le pagaban unos fascículos de motociclismo. A los 12 años tiene la fantasía de que sus padres se mueren y ella cuida de sus hermanitas pequeñas.

Se define a sí misma como una autosaboteadora. Habla de su intento de suicidio por precipitación del balcón a los 13 años, pero la recoge su tío. A los 14 años, cuando iba al instituto ella era "una gorda asquerosa, sebosa, sudorosa y siente desprecio hacia ella, asco de sí misma, no se merece nada, sólo morir, una cerda".

Ha tenido cuatro relaciones con hombres durante su vida, pero con ninguno ha durado más de seis meses.

Este caso resulta complejo por las variantes anomalías que presenta. Sin embargo, de esta historia sobresale una palabra: autosabotaje, perceptible desde el recuerdo de infancia en que solicitaba a otras mamás que la adoptaran.

La siguiente confesión anónima en un blog habla con mayor claridad del autoboicot:

"...me autoboicoteo, y me jodo mis oportunidades, por miedo, ¡por puro miedo! a no ser suficiente, a que la ilusión de poder hacerlo sea falsa, a que realmente a lo que aspiro me quede grande y sea todo una ilusión mía, una paja mental, a pesar de que tengo miedo a equivocarme en mis decisiones y encontrarme embarcada en cosas que no quiero... mi problema es ese, dudo de mí, de mis capacidades, de decepcionar a otros cuando confían o creen en mí, de que estén ellos también equivocados al creer en mí y yo se lo demuestre y, de hecho, ¿por que confían tanto en mis capacidades si no tengo nada seguro? Sí, sí, ya... falta de autoestima... soy yo la que en el fondo no creo en mí, bla, bla, bla... sí lo sé y por otro lado sí que creo en mí y "sé" que puedo.

"Y me jode tanto ser tan idiota y ni siquiera intentarlo cuando ¡no tengo nada que perder! Es pura cobardía ¿o no? y no querer salir de ahí porque al menos es terreno conocido, ¿no?, es todo puto miedo. A veces me parece tan increíble que a la gente yo le parezca una persona tan segura de mí misma y valiente que… ¿cómo no voy a dudar de su percepción sobre mí y de mí misma?"

¿Cuántas veces has tratado de hacer algo o de lograr un objetivo, sin tener éxito? Si hicieras un análisis detallado y honesto de dichos "fracasos", probablemente te darías cuenta de que, muchas veces, no lo lograste por algo que tú mismo hiciste o dejaste de hacer. Esto se llama autosabotaje.

ARQUETIPO, COLOR Y DISFRACES

El saboteador es un arquetipo que se alimenta de los miedos y la baja autoestima que te impulsan a decidir en contra de tu fortaleza y éxito. Algunos ejemplos de autosaboteadores los podemos ver personificados en Greta Garbo, en Mata Hari, Angela Lansbury en el *Mensajero del miedo*, Woody Harrelson en *El escándalo de Larry Flynt*, Judy Holliday en *Un cadillac de oro macizo*.

Resultan emblemáticos también *Amadeus* de Peter Schaffer o *La loca de Chaillot* de Jean Giraudoux en obras de teatro y Loki en la mitología nórdica y la serpiente Bamapana, quien engaña a los humanos y sabotea así su única oportunidad de alcanzar la inmortalidad.

¿Y quién puede olvidar a la *Medea* de Eurípides que mata a sus hijos para vengarse de su esposo y luego se lamenta de su propia pérdida? Porque la akrasia, o debilidad de la voluntad, es un tipo de autosabotaje que se plasma fielmente en la novela *Kafka en la orilla* del japonés Haruki Murakami, donde es posible leer un ejemplo de autoboicot:

"Hace mucho tiempo abandoné a quien no debía de haber abandonado. Al ser que amaba por encima de todas las cosas. Me aterraba perderlo, así que tuve que dejarlo yo. Antes de que me lo arrebataran o que desapareciera por cualquier circunstancia fortuita preferí abandonarlo yo…"

Y ya que hablamos de Kafka, notamos las paradojas que encierran su vida y que pueden sintetizarse como una larga cadena de actos de autosabotaje. Una breve síntesis biográfica: Era de raza judía, pero no practicaba su religión, era checo, pero no hablaba la lengua nacional. No amaba Praga, por eso la retrataba de una manera tan cruda en sus novelas. Era una forma de no ser de nadie, un extranjero en su propia patria, una manera ineludible de autoboicotearse.

Así trabajaba como un robot en una oficina de seguros y soñaba con lejanos países mahometanos; convertía toda la belleza de Praga en un maleficio, vomitaba sangre, transformaba el terror en un humor muy inquietante y destruía o quemaba todos los papeles escritos.

Murió en el sanatorio Hoffmann en Kierling, cerca de Viena, el 3 de junio de 1924, a los 41 años. Cuando al final de su enfermedad, Kafka ya no podía soportar el dolor, le recordó a su amigo, el doctor Klopstock, la promesa que le había hecho de inyectarle una dosis mortal de morfina y como en el último momento el médico dudara, Kafka le dijo: "Mátame, sino serás un asesino".

La exigencia a que sometió su obra y las dificultades ingénitas para moverse entre los otros, cultivadas afanosamente, produjeron esa triste y sombría figura que nos ha quedado. Ni genio maldito ni incomprendido, simplemente alguien que cuando apuesta por el éxito tiembla ante la posibilidad de no obtenerlo y también ante la posibilidad de conseguirlo.

La melancolía y el victimismo caracterizaron a Kafka, paradigma del autoboicot. Y esto nos lleva a una realidad más: el Dragón del Autosabotaje comparte rasgos con el de autoengaño y el de autocompasión.

Nathaniel Branden presenta un ejemplo:

"Ascienden a un hombre en su empresa y éste siente un gran pánico al pensar que posiblemente no esté capacitado para dominar los nuevos desafíos y responsabilidades. "¡Soy un impostor!, ¡no me corresponde estar aquí!", se dice a sí mismo. Al sentir por adelantado que está condenado, que no está motivado para dar lo mejor de sí mismo, inconscientemente empieza un proceso de sabotaje de sí mismo: va a las reuniones sin estar suficientemente preparado, unas veces es duro con el personal que está a su cargo, y apacible y solícito otras veces, hace el payaso en momentos poco apropiados, ignora las señales de insatisfacción de su jefe. Como preveía, le echan del trabajo. 'Sabía que era demasiado bueno para ser verdad', se dice a sí mismo".

Existen muchas maneras de autosabotearnos y, desafortunadamente, pocas veces nos damos cuenta de que lo hacemos. Los siguientes son algunos ejemplos:

- Tienes que hacer un trabajo importante que te va a permitir un ascenso y de repente empiezas a estar "muy ocupado" en tu casa, como arreglar el coche, hablar por teléfono y no tienes tiempo para realizar minuciosamente el trabajo.
- Esperas una llamada muy importante, de una persona que puede mejorar tu vida, y se te olvida prender tu celular.
- Te preocupa tanto quedar bien con la gente o evitar ser criticado por los demás, que nunca haces lo que a ti te gustaría hacer.
- Estás en un tratamiento médico y constantemente se te olvida tomar tus medicinas.
- Estás a dieta, pero la rompes de manera continua.
- Te inscribes en un diplomado y "se te hace tarde" o no puedes ir a muchas de las clases.

Generalmente, cuando nos autosaboteamos no nos damos cuenta de que lo hacemos y mucho menos de por qué lo hacemos.

La causa del autosabotaje es inconsciente y justificamos el propio boicot: creemos que realmente se nos olvidaron las cosas, si rompimos la dieta, volvimos a fumar o gastamos el dinero que teníamos ahorrado para algo importante, fue porque no lo pudimos evitar o por falta de fuerza de voluntad; si no nos dio tiempo de hacer lo que programamos, fue por mal cálculo o porque estábamos seguros de que íbamos a poder hacerlo todo… pretextos sobran.

Así, cuando no obtenemos lo que deseamos, generalmente pensamos que tenemos mala suerte, somos víctimas de las circunstancias, lo que tenemos que hacer es demasiado difícil, la culpa de nuestros errores o fracasos la tienen los demás, la gente se aprovecha de nosotros, no entendemos qué es lo que nos pasa… Siempre tenemos una justificación, aparentemente lógica, que explica nuestro comportamiento.

¿Por qué nos autosaboteamos? Existen varias razones:

- Hábito arraigado desde la infancia para "defendernos" de las excesivas expectativas paternas.
- Inconscientes de nuestros verdaderos deseos y necesidades.
- Creencias de incapacidad o no merecimiento.
- Metas heredadas o impuestas.
- Miedo al cambio, al éxito, a demostrar nuestra capacidad.

Algunas personas no logran romper patrones repetitivos donde pareciera que su principal "enemigo" son ellas mismas. Pareciera que, cuando se está a punto de alcanzar lo que tanto se desea, algo pasa que se pierde lo ganado, o todo queda en planes que luego son olvidados.

Si esto es algo que sucede frecuentemente, no es "mala suerte", sino una manera en la que el inconsciente envía un mensaje silente. En cada caso es diferente y podremos tener un indicio al respecto con las llamadas ganancias secundarias. Son aquellas que recibimos cuando algo aparentemente "malo" o negativo nos ocurre, por ejemplo, la atención y cuidado que recibe quien se enferma o lastima.

De esta manera, una guía para saber lo que el inconsciente desea transmitir es observar lo que se gana cada vez que las cosas salen mal. ¿Acaso alguien vendrá a ayudarte con tiempo, dinero o algo más, o de esta forma puedes permanecer en una situación que de otra manera tendría que cambiar, como cambiar de casa, dejar a tu pareja, disponer de tiempo para tus clases, etcétera?

Al reconocer sinceramente lo que se "gana" cada vez que "se pierde", es que podemos decidir si verdaderamente queremos quedarnos en esa situación o ya deseamos cambiar

Louis Binstock, rabino judío del templo Sholom de Chicago, menciona las causas frecuentes de fracaso, que son clave para identificar conductas de autosabotaje:

CAUSA	EXPLICACIÓN	RELACIÓN CON EL AUTOSABOTAJE
Culpar a los demás	La práctica de acusar a los demás explica no sólo la mitad de nuestros fracasos, sino también nuestra incapacidad a la hora de aprender de nuestros errores	Cuando culpamos a los otros cedemos nuestro poder
Tendencia a culparnos de todo	La culpa sólo trae consigo mayor sufrimiento y nunca cambia el pasado	Estancamiento y retroceso al enfocarse en el pasado y olvidar presente y futuro
Carecer de metas	Esto incide en la falta de sentido en la vida	No se puede llegar a un punto inexistente
Seguir las metas de otros	Objetivos difusos o prefabricados por otros sólo generan incertidumbre	No hay autenticidad al aceptar roles de vida impuestos
Buscar atajos	Lo que fácil se consigue no se valora	No existen oportunidades de probar la verdadera valía
Tomar el camino más largo	Poner obstáculos, postergar la acción	Se diluye el objetivo global en mínimos logros parciales y no significativos
Descuidar los detalles	Generan un mensaje silente de "no me importa"	Estropea el resultado general y provoca minimización de lo hecho
Abandonar demasiado pronto	La perseverancia es crucial para generar lo esperado.	Los intentos no cuentan, sino los resultados finales.
Estancarse en el pasado	La inercia y la derrota pueden frenar iniciativas	El presente es lo que debemos resolver
No sentirse merecedor	Los diálogos internos de no puedes, no mereces, no lo lograrás… anticipan el fracaso	Para que algo sea realidad, primero lo debes imaginar

¿Cuál es el sabor del éxito? Aunque parezca paradójico hay quienes asocian "amargo" a éxito.

Existe otro tipo de autosabotaje que surge no a punto de consolidar un éxito, sino cuando se obtiene éste. Es lo que Sigmund Freud, padre del Psicoanálisis, llama "Los que fracasan al triunfar".

Se trata de personas que una vez que logran un éxito determinado, como por ejemplo una conquista amorosa largamente esperada, o una promoción profesional de mayor responsabilidad, prestigio y retribución económica, en lugar de disfrutar del éxito experimentan cierta sensación de fracaso psicológico, profesional, emocional y aun personal.

Este rasgo de carácter patológico se basa en que "algo es demasiado bueno para ser cierto". Conlleva un intenso sentimiento de culpa y la necesidad de "pagar" por ello. De todos modos convendrá aclarar que tanto el éxito como el fracaso deberán ser definidos en función de los deseos y prohibiciones propios de cada persona, más que a través de una valorización externa. Lo paradójico reside en que, mientras la gente busca tener logros por sus consiguientes sentimientos de satisfacción y placer, lejos de producir alegría, algunas personas comienzan a sentir ansiedad cuando logran sus deseos, se desorganizan o bien se enferman y no se tranquilizan hasta hacer añicos tales logros.

Freud lo explicaba como un complejo edípico: culpa al inconsciente al lograr destacar más que el progenitor del mismo sexo. Esto puede resultar cuestionable, pero el sentimiento de culpa es lo que caracteriza esta insólita amargura ante el triunfo. Y es la culpa, también, la que aparece soterrada cuando "ya casi" conseguíamos nuestros sueños.

"La emoción que hace que nos autoboicoteemos es la culpa", dice el psicólogo y teólogo Bernardo Stemateas, quien menciona que la culpa procede de los preceptos familiares, de la cultura y la religión. Así muchas personas están convencidas de que deben sufrir porque "sufrir purifica", "el dolor borra mis pecados", "sólo por las lágrimas es posible aspirar al cielo" y otra larga lista de etcéteras en el ámbito familiar, institucional y de la idiosincrasia en general que promulga la oda al dolor.

Y es la culpa, según Stemateas, quien nos impulsa a:

1. Buscar personas, lugares o trabajos que te maltratan.
2. Maltratarse uno mismo con esa vocecita interna de "no puedes, no sabes, no mereces".
3. Lastimar a quienes más queremos.

En los siguientes esquemas podremos ver con mayor detenimiento a la culpa.

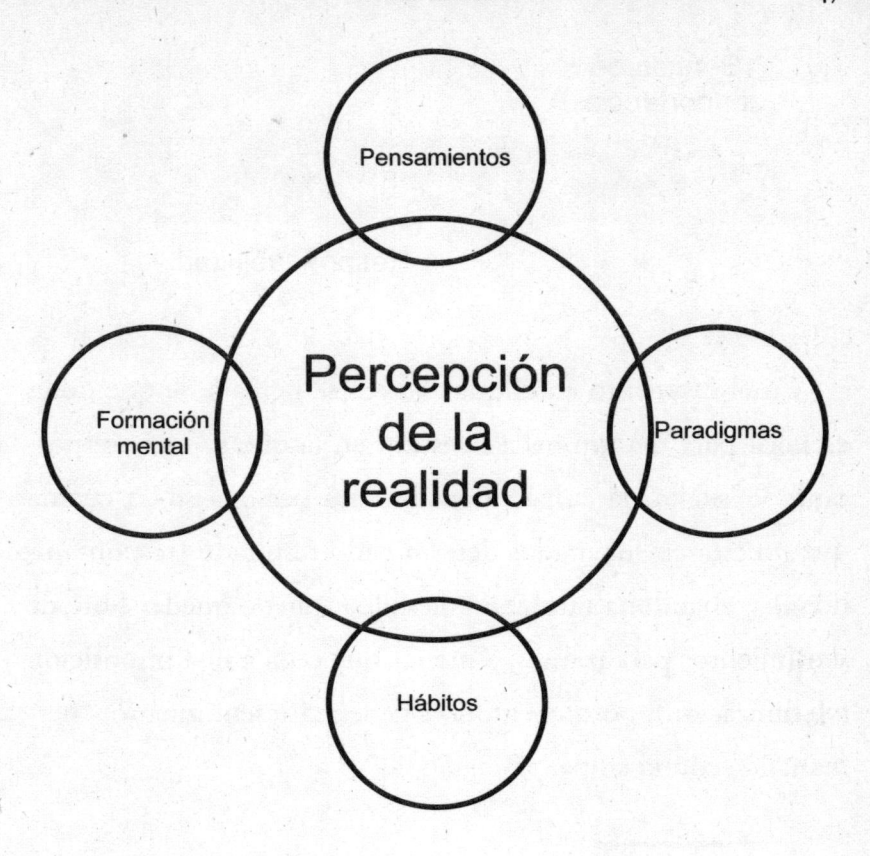

Vale aclarar, entonces, que la realidad la percibimos de manera única y singular, porque en ella incide nuestro marco referencial que está integrado por nuestra particular visión que filtra nuestras creencias, experiencias, emociones y pensamientos.

Ahora, la culpa está en esa realidad de manera inconsciente y mediante dos mecanismos: como un sentido de importancia y como responsabilidad. Ambas son corazas en las que la culpa se escuda.

En el momento en el que alguien se percata de que no es esencial para determinada cuestión en la que se creía importante y "suelta" la culpa, o cuando esa persona se da cuenta que no está en sus manos determinado resultado (responsabilidad) y abandona también a la culpa, puede quedar libre de sentimientos paralizantes, a menos que ceda a una imposición (victimización), porque entonces generará resentimiento, "hermanado" con la culpa.

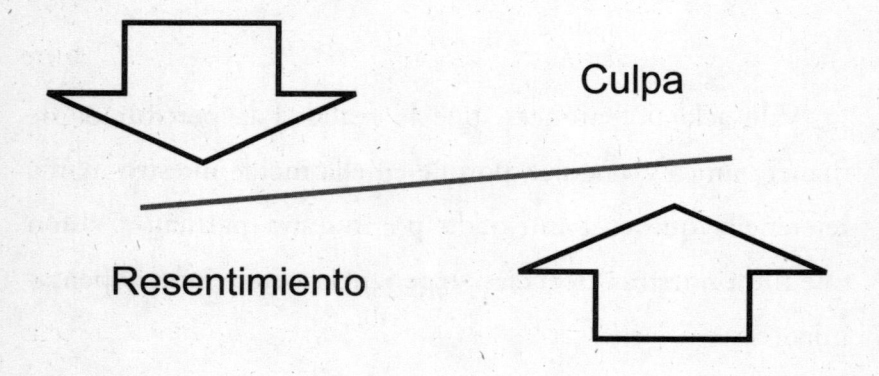

Dragón de fuego

El Dragón del Autosabotaje es rojo, que simboliza el fuego. Es un color caliente que tiene un significado tal que puede llegar a afectar de forma física, al aumentar la presión arterial y el ritmo respiratorio.

El color rojo también puede tener un significado físico de ira. El rojo significa poder y también simboliza peligro. Es el color de la destrucción. El color empleado para el autoboicot. El color de este dragón de fuego que simboliza el máximo poder, pero también el propio aniquilamiento.

Según el *Gran libro de los dragones*, el dragón de fuego o *Draco flemans* vive en grandes ríos de lava y ardientes cavernas en el interior de la Tierra. Suele salir envuelto en llamas cuando reina la oscuridad (inconsciente).

Los disfraces que adopta el Dragón del Autosabotaje son muy variados. Estos son cinco de ellos:

1. El Sistemático. Estrategia: La trampa del día anterior. Cuando tiene algo importante que de hacerlo bien podría representar un adelanto en su vida, el día anterior —sistemáticamente— hace algo que arriesga la posibilidad de efectuarlo de la mejor manera posible. Por ejemplo, el día antes de una presentación que debe hacer en el trabajo se desvela o se involucra en una situación conflictiva en el trabajo que pone en riesgo su ascenso.

2. El Indiferente. Estrategia: La Procrastinación. Innecesariamente deja las cosas para última hora. Se comporta indiferente hacia las cosas importantes. Pospone las

diligencias o decisiones vitales y, como hace las cosas a última hora, si es que las hace, no le quedan bien o le quedan por debajo de lo que sabe que puede hacer. Entonces, la justificación constante es "no tuve tiempo".

3. El Hablador. Estrategia: Palabras sin acción. Una forma muy disimulada de autosabotaje son las palabras sin la acción. Así, constantemente habla de lo que va a hacer, de las ideas que tiene, sus contactos, lo que va a lograr, pero en realidad nunca da pasos concretos y serios que lo conduzcan a lograr lo que dice. Puede dar la falsa impresión de que es una persona emprendedora y con iniciativa, cuando en realidad sabotea los sueños y metas.

4. El Reflexivo. Estrategia: Pensamiento/conducta negativa y pesimista. El reflexivo piensa mucho las cosas y las razona a profundidad, pero siempre desde una perspectiva pesimista. El saboteador reflexivo tiene muy claro —y puede hacer una lista completa— de todos los aspectos negativos de una situación. Le cuesta mucho mirar sus posibilidades de éxito, sin usar los lentes del fracaso. Puede parecer una persona muy juiciosa, pero en realidad lo que hace es focalizarse en las posibilidades del fracaso para ni siquiera intentar tener éxito.

5. El Terrorista. Estrategia: Énfasis en los obstáculos. Este saboteador usa su estrategia cuando el éxito es casi inminente. Parece que todo va bien y hace todo lo ne-

cesario para lograr lo que quiere. De pronto, surge un obstáculo, entonces el terrorista aprovecha la oportunidad, saca de proporción la situación y la usa de excusa para no continuar adelante. Cuando hay un escollo en el camino, el terrorista añade el caos y crea una crisis mayor; complica la situación a tal grado que tira por la borda todo el camino recorrido hasta el momento.

Seguramente has podido ver que existe alguien cercano que se autoboicotea. ¿Cómo lo hace?, ¿cuáles son sus pretextos favoritos?, ¿cómo describirías este disfraz?

Por favor anota cómo es este disfraz de autoboicot:

_____

_____

_____

_____

_____

_____

El dragón de fuego deja una gran estela de cenizas tras de sí. Son las señales que evidencian el autosabotaje:

- La ansiedad que acompaña al logro personal.
- La consecuente desorganización.

- La ausencia de la esperable alegría o placer ante el éxito.
- El descontento consigo mismos a pesar del triunfo.
- Ciertas ideas paranoides de sentirse envidiado por los demás.
- La depresión.

El camino que recorre un Dragón del Autosabotaje está amparado por las sombras de la culpa y el resentimiento. Deambula en la noche, en el inconsciente, en lo no visible. Pero existen caminos que el autosabotaje privilegia porque le confieren mayor poder. Hablamos de la cultura del riesgo y el vivir "al filo de la navaja".

Así, una persona llega a proponerse objetivos casi imposibles, a conducir de manera temeraria a gran velocidad o a engancharse en los juegos de azar. Al exponerse a una situación incierta o peligrosa que compromete la seguridad es otra manera de autoboicotearse.

La atracción al alto riesgo no es un fenómeno singular. Este anhelo de intensidad es característico de una sociedad que tiende al exceso y necesita estímulos cada vez más impactantes. Aparece así la "cultura del riesgo".

En este momento, en el que la tecnología avanza rápidamente y la única constante a nivel internacional es el cambio, la incertidumbre genera dos conductas extremas y contrapuestas entre sí: la necesidad exacerbada de control y las sensaciones extremas.

La atracción por el riesgo, el "vivir al límite", puede ir desde la afición a deportes o actividades que conllevan cierto peligro, como la necesidad de poner a prueba las relaciones personales, emprender conductas arriesgadas, rozar la ilegalidad, provocar continuamente apuros económicos o profesionales, o las adicciones a la bebida, al juego, a las compras, al sexo, al Internet, a la comida...

El organismo capta la exposición al riesgo como una amenaza para la supervivencia. Como consecuencia, se dispara la adrenalina, los músculos se tensan, la respiración se agita, aumenta el ritmo cardiaco, y la persona permanece alerta, vigilante y focalizando su atención en el peligro advertido. Hay quienes encuentran esta situación muy excitante.

Según los neurobiólogos, se debe especialmente a los picos de dopamina, el neurotransmisor cerebral asociado a las sensaciones de placer y bienestar, que pueden resultar adictivas. Así, de acuerdo con nuestro marco referencial con el que filtramos la percepción de la realidad, el riesgo puede ser muy atemorizante... o generar gran atracción, como le ocurre a los "buscadores de sensaciones".

Un "buscador de sensaciones" desea experimentar altos grados de estimulación, novedades continuas, propensión a cambiar de una cosa a otra y tendencia a aburrirse muy fácilmente. En Estados Unidos se considera que cerca de 50% de los adolescentes caen dentro de esta categoría.

De acuerdo con sus actividades, les gusta explorar lugares extraños, practicar deportes extremos, consideran que pasan demasiado tiempo en casa, prefieren amistades extravagantes o impredecibles, andan a la caza de nuevas experiencias peligrosas y hasta aterradoras; detestan lo ordenado, previsible o conocido y se inclinan por la improvisación y la aventura.

Según estudios recientes, existe una correlación directa entre los buscadores de sensaciones y la exposición a películas violentas y de horror.

Los buscadores de sensaciones tienen un marcado deseo de experimentar sensaciones nuevas e intensas y son más propensos a exponerse a distintos tipos de riesgos. Se ha observado, por ejemplo, que en estas personas las sensaciones fuertes activan con mayor facilidad las estructuras cerebrales relacionadas con la recompensa y la satisfacción. Por tanto, uno de los atractivos del riesgo son las poderosas vivencias que aporta: la impresión de la caída libre, la sensación de velocidad, la exaltación que producen ciertas drogas, la aceleración del corazón ante el vértigo de la apuesta…

Este anhelo de intensidad resulta característico de una sociedad que tiende al exceso. Acostumbrados como estamos a un nivel de activación muy alto, se necesitan estímulos cada vez más impactantes para producir sensaciones. Basta con observar cómo las películas, las atracciones o las actividades de ocio aumentan progresivamente de intensidad, persiguiendo el "más difícil todavía".

En la actualidad existe una mayor intolerancia al aburrimiento y a la rutina, y se aprecia en general cierta "anestesia" emocional. Sólo lo que supera cierto umbral de excitación es susceptible de despertar los sentidos, como si éstos se encontraran saturados ante la multitud de estímulos que reciben.

Así, las personas que se sienten atraídas por el riesgo acostumbran a tener la necesidad de vivirlo todo y de gozar al máximo cada momento. Este deseo de vida, cuando es excesivo, puede conducir paradójicamente a un atajo hacia la muerte. Lo observamos, por ejemplo, en las adicciones, en que la búsqueda de placer puede terminar resultando sumamente destructiva.

Tras las conductas de riesgo a veces existe una ilusión de control. Es decir, está la creencia de que siempre se podrá dominar la situación. Emerge así la temeridad que caracteriza a muchos jóvenes. Este fenómeno se atribuye, por un lado, a la necesidad de transgresión y de ponerse a prueba y, por otro, a un desconocimiento de los propios límites. Se confunde valentía con inconsciencia.

Un ejemplo de este autosaboteador también llamado "buscador de emociones", lo encontramos en *El jugador*, novela de Dostoievski, que aborda la ludopatía y el riesgo como estilo de vida cotidiana.

Así, a la lista de disfraces del Dragón del Autosabotaje agregamos el "buscador de sensaciones" y el adicto.

Las adicciones más populares a nivel mundial son la drogadicción, alcoholismo y tabaquismo. Sin embargo, proliferan muchas otras sobre todo entre los adolescentes que representan a la Generación Digital. Así existen adicciones al Internet, al celular, TV, a la ropa, videojuegos, deportes, culto al cuerpo y series televisivas.

Es clara una tendencia de los adolescentes al materialismo y a regirse por el consumo para lograr la popularidad. Tal tendencia no debe extrañar, dado que se gesta desde hace casi dos décadas y cada día se recrudece más. En resumen, los disfraces que asume el autosabotaje ahora se multiplican.

LOS FAVORITOS DEL DRAGÓN DEL AUTOSABOTAJE

Aunque el autosabotaje no discrimina sexo, edad ni clase socioeconómica o social, tiene mayor incidencia en profesiones tales como artistas, deportistas, científicos e incluso empresarios. Es decir, aquellas que presuponen alta visibilidad y mayor riesgo.

En cuanto a la geografía, los países latinos son más proclives a experimentarlo en relación con los anglosajones, presumiblemente por el peso de los dogmas de las grandes religiones impulsoras del sacrificio y la noción de "no merecimiento", que se acentúa en los núcleos familiares, donde también se impulsa el sentimiento de culpa de manera cotidiana.

Por ejemplo, cuando un niño rehúsa tomar sus alimentos, es común la frase: "tienes que comer todo. ¿Qué no ves que hay muchos niñitos en Biafra que mueren de hambre y tú desperdicias lo que tanta falta les hace a ellos? Dios te va a castigar". Y de manera abierta se extiende la falaz idea de un Dios rencoroso y vengativo.

La base del mecanismo de autosabotaje en los occidentales puede ser encontrada en la tradición judaico-cristiana, que "concibe el sufrimiento como efecto de una causa externa —Dios— a título de castigo por la desobediencia a la ley divina. En la tradición budista, el sufrimiento lo causa el propio ser que sufre".

En este sentido, la marca mental del autosabotaje se sustenta en un padrón inconsciente de que merecemos un castigo. Desde pequeños escuchamos el mandamiento "Amaos los unos a los otros". Odiar nos fue transmitido como una actitud pecaminosa. No obstante, muchas veces odiamos a quien amamos... como nuestros padres.

Eva Pierrakos, en *No le temas al Mal*, menciona: "La culpa por odiar a aquellos que más se ama, convence al niño de que no merece nada que sea bueno, alegre o placentero. El niño siente que si tuviera que ser feliz un día, el castigo que parece inevitable, sería aún mayor. Por lo tanto, evita inconscientemente la felicidad, pensando que de esa manera ofrece una compensación y así evita un castigo aún mayor. Esa fuga de la felicidad crea situaciones y patrones que siempre parecen destruir todo que es más ardientemente deseado en la vida".

Ante o frente a la adversidad podemos optar por el desenvolvimiento interno. "El lado positivo del sufrimiento es que nos da la oportunidad de comprender las causas del mismo. Creamos la posibilidad de comprender el papel del deseo y de la aversión en nuestra vida", resalta Ron Leifer.

Para seguir la pista al Dragón del Autosabotaje, puedes seguir este camino:

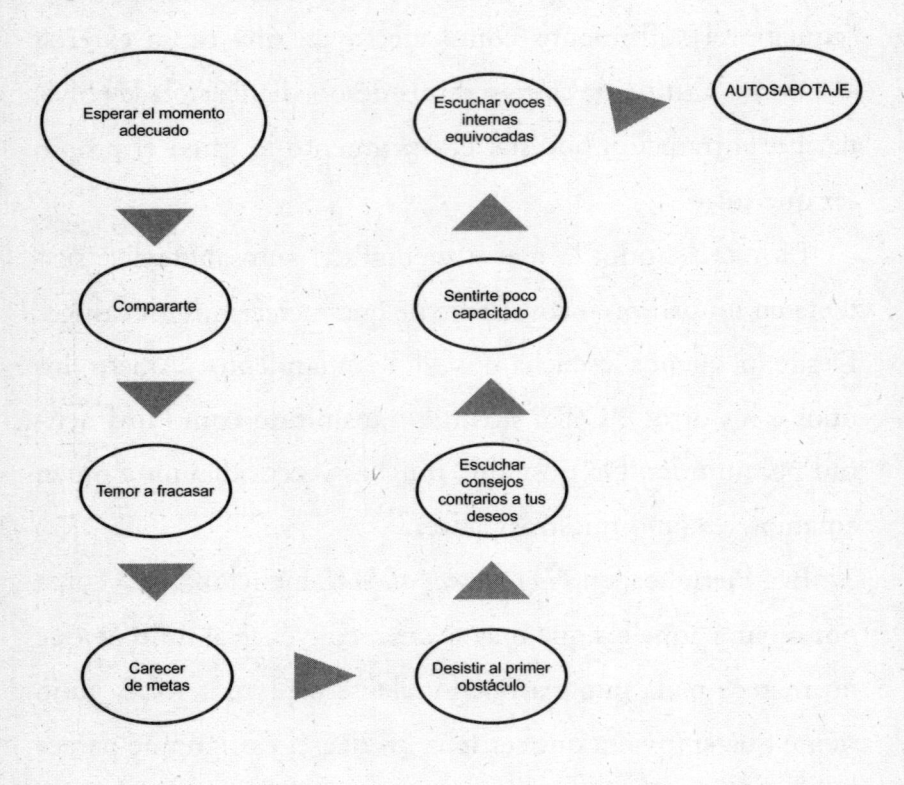

EL ESPEJO

Es el momento de conocer al Dragón del Autosabotaje, al gran dragón rojo de fuego. Para ello emplearemos el cuestionario IEPA o de Identificación del Esquema Personal de Autosabotaje diseñado por Alexandra Gallego.

Por favor piensa en una de las metas más ambiciosas y significativas en tu vida. Al momento que clarifiques esto, procede a calificar, en una escala de 1 a 5 las siguientes razones por las cuales no has realizado este proyecto. El 1 es una razón de poco valor y 5 la razón más importante. Escribe una X en la casilla correspondiente.

Razones por las cuales no inicio aún mi proyecto o no lo he continuado.

RAZONES / VALORACIÓN	1	2	3	4	5
Me faltan los recursos económicos (dinero)					
Me falta tiempo, estoy muy ocupado/a ahora					
Pienso que ahora no es el momento, es mejor dejarlo para después					
Hablo mucho de mi idea o proyecto pero no he empezado					
Sí tengo el sueño de ser empresario pero creo que no es posible o es demasiado difícil					
Hay demasiados factores externos que me limitan					
Hay que hacer demasiado esfuerzo y trabajar mucho para concretar mi proyecto					

Luego de calificar, responde las siguientes preguntas que te ayudarán a reflexionar y darte cuenta de aspectos importantes que te autolimitan.

¿Cuáles de los siete son los más comunes en tu comportamiento?

_____

_____

_____

_____

_____

¿Cuáles se presentan con mayor frecuencia?

_____

_____

_____

¿Cuáles calificaste con 4 o 5?

_____

_____

_____

_____

El ejercicio anterior muestra nuestros esquemas personales de autosabotaje. Ahora piensa en situaciones en las que se haya presentado ese esquema y trata de identificar el motivo real que se escondía detrás de esa estrategia.

¿Cuál es el peligro o el riesgo de seguir adelante?

_____

_____

_____

_____

¿Cuál es el temor implícito que le impide lograr la meta?

_____

_____

_____

_____

En caso de presentarse problemas, ¿qué es lo peor que puede pasar?

_____

_____

_____

_____

Para reflexionar...

Desde punto de vista budista, la espiritualidad surge cuando decidimos responsabilizarnos integralmente por purificar nuestra mente de sus hábitos mentales destructivos. Así, abandonamos cualquier tentativa de sentirnos víctimas, pues partimos del principio de que la semilla de todo conflicto no se encuentra en los acontecimientos externos, sino en nosotros, en nuestra alma y mente, en la manera que filtramos la realidad y la forma en cómo reaccionamos a esa percepción.

Cada uno de nosotros atrae para sí sus experiencias y percepciones, ya que trae consigo sus marcas mentales, que determinarán despúes nuestros hábitos mentales determinados por nuestras motivaciones internas al hacer, hablar o pensar algo.

Nada es bueno o malo. Todo depende de nuestra perspectiva y particular forma de percibir la realidad. No a todos nos afecta lo mismo en la misma forma. Es decir, como dicta un adagio popular, "todo es de acuerdo con el cristal con que se mira".

Por lo tanto, si estas marcas mentales son las semillas formadoras de nuestros hábitos, seremos felices o no de acuerdo con la calidad de las semillas que están en nuestra conciencia. Si ellas fueran de miedo, cuando maduren, viviremos situaciones cargadas de dudas e inseguridades.

Antídotos, sortilegios y dones

Dije que el alma no es superior al cuerpo,
y dije que el cuerpo no es superior al alma,
y nada, ni Dios siquiera, es más grande
para uno que lo uno mismo es.

Walt Whitman

Hasta este momento has conocido ya a los tres dragones y cuantificaste su presencia en ti, en tu castillo.

La libertad total que imperó hasta entonces en cada uno de ellos, al grado que dominaron algunas áreas de tu cuerpo, mente y espíritu debe cesar. Recobras ahora el control y podrás emplear los antídotos, sortilegios y dones para encauzar tus dragones internos a la plenitud.

El antídoto es autoestima y trabaja en la torre destinada al cuerpo o materia. El sortilegio es optimismo y permeará tu alma o mente. Finalmente, con los andamiajes del verdadero poder, el espíritu recobrará su esencia.

La tierra del Dragón del Autoengaño cubre, sepulta, entierra y esconde, pero también abrigará la semilla donde brotará el fruto nuevo.

El agua del Dragón de la Autocompasión es llanto, aflicción, desamparo y también será para ti purificación y un nuevo comienzo.

El fuego del Dragón del Autosabotaje es llama y aniquilación, pero también resplandor y vida nueva.

Los dragones que se niegan a ver, te sumen en la depresión o desbaratan tus objetivos; se irán ya y en su lugar esos seres sobrenaturales, llenos de poder ancestral, estarán en ti, en tu castillo, como aliados y protectores.

El antídoto: autoestima

En la vida puedes formular muchos juicios. Eso no importa. El único es el que emites sobre ti mismo. Es la valoración que tienes de ti la que posee el poder del oráculo: lo que tú creas eso será. Ni menos ni más. Bajo esa premisa, la autoestima es confiar en nosotros (en nuestro cuerpo, alma-mente y espíritu) y en saber que merecemos la felicidad.

Entonces podemos homologar la autoestima a un antídoto contra cualquier mal, e incluso neutralizar los efectos nocivos de nuestros dragones internos. La gente con un alto nivel de autoestima actúa a favor de sus intereses cada día. Y lo mismo ocurre a la inversa, personas brillantes con una baja autoestima, trabajan inconscientemente en perjuicio de ellas mismas.

Pero la autoestima no es algo fortuito o que nos legue la infancia para toda la vida. Nadie puede regalarte autoestima, prestarla o venderla, porque surge del interior de cada uno. Así, no se puede emular o fingir. Es algo tan auténtico, que las personas con una autoestima alta no se comportan de una forma superior a los demás, no muestran su valor comparándose con otros. Su alegría se debe a ser quienes son, a no ser mejores que los demás.

La autoestima tiene dos componentes esenciales:

1. Eficacia personal. Confiar en las tres torres del castillo. Tener certeza del mejor desempeño de nuestro cuerpo, alma-mente y espíritu para enfrentarnos a la vida.
2. Respeto a uno mismo. Es creer que merecemos la felicidad.

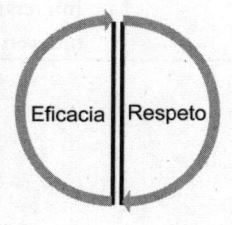

Ahora, si la única fuente de la autoestima es interna, ¿es factible obtenerla? Nathaniel Branden, gurú internacional de autoestima, lo cree factible mediante un proceso de seis prácticas:

1. Vivir conscientemente.
2. Aceptarse a sí mismo.
3. Asumir las responsabilidades de uno mismo.
4. Autoafirmación.
5. Vivir con propósito.
6. Integridad personal.

PRINCIPIO	SIGNIFICADO	ACCIONES QUE PRESUPONE
Vivir conscientemente	Respetar la realidad	1. Mente activa en lugar de pasiva. 2. Distinguir hechos de interpretaciones. 3. Ubicar avance en proyectos personales y profesionales. 4. Sintonizar acciones con propósitos. 5. Retroalimentarme del entorno. 6. Perseverar. 7. Perceptivo a conocimientos nuevos. 8. Tener el compromiso de aprender. 9. Interesarme por el mundo que te rodea. 10. Interesarme por mis propios sentimientos, aspiraciones y motivos. 11. Interesarme por los valores que me mueven y guían.

PRINCIPIO	SIGNIFICADO	ACCIONES QUE PRESUPONE
Aceptarse a sí mismo	Es tratarme con respeto y defender mi derecho a existir. Es aceptar mi cuerpo, pensamientos, emociones y sentimientos.	
Responsabilidad de mí mismo	Es tener el control sobre mi vida	Ser responsable de: 1. La consecución de mis deseos. 2. Mis elecciones y acciones. 3. El nivel de consciencia que dedico a mi trabajo. 4. El nivel de consciencia que aporto a mis relaciones. 5. Mi conducta con otras personas. 6. La manera de jerarquizar mi tiempo. 7. La calidad de mis comunicaciones. 8. Mi felicidad personal. 9. Aceptar o elegir los valores según los cuales vivo. 10. Elevar mi autoestima.
Autoafirmación	Respetar mis deseos, necesidades y valores y buscar su forma adecuada a la realidad.	1. Ser consciente. 2. Formular preguntas. 3. Valorar la individualización sobre la filiación.
Vivir con propósito	Trabajar para que las cosas sucedan. No dejar nada al azar. Ser proactivos y no reactivos.	1. Fijarse metas productivas en consonancia con mis capacidades. 2. Concretizar y cuantificar objetivos. 3. Alinear la conducta a los objetivos.

PRINCIPIO	SIGNIFICADO	ACCIONES QUE PRESUPONE
Integridad	Congruencia entre el pensar y actuar	1. Mantener promesas. 2. Hacer lo que digo. 3. Evitar hacer lo que repruebo. 4. Ser justo en mis relaciones con los demás. 5. Siempre hacer lo que considero correcto. 6. Mi juicio sobre mí es más importante que lo que opinen de mí los demás.

1. Vivo conscientemente porque:

- Vivo el presente y me adapto a la realidad. Rehúyo a pensar en el pasado y no trabajo sólo en relación con el futuro. Valoro infinitamente todo lo que poseo y hago en este instante. Así, escucho con suma atención cuando hablo con alguien, observo atentamente mi entorno y me intereso por lo que ocurre. Siempre estoy dispuesto a aprender cosas nuevas y sé que todas las personas son valiosas y pueden aportarme grandes conocimientos si interactúo con ellas libre de prejuicios.

- Pienso detenidamente lo que debo hacer de acuerdo con el entorno y las circunstancias.

- Me enfrento a mí mismo. Suelo descubrir mis mayores temores y clarificar si éstos son o no racionales y si puedo hacer algo al respecto. No evado la realidad ni la disfrazo. Tampoco suelo postergar decisiones y acciones.

- Busco la claridad a toda costa. Cuando algo parece confuso, determino con claridad cuál es el hecho concreto y cuál la interpretación que le doy. Trato de que en la percepción de la realidad intervengan los menores "filtros" posibles.

- Afronto la realidad, sea cual sea. Y con base en ésta suelo actuar.

- Soy independiente en mis juicios. No le pregunto a nadie cómo debo pensar o actuar. Me rijo bajo mi propio criterio, que es el único que importa.

- Actitud activa, valor para correr riesgos razonados. Evito "esperar" a ver qué ocurre. Trabajo para que las cosas ocurran.

- Trato de ver mis errores y corregirlos. Soy capaz de aceptar errores y enmendarlos sin menoscabo de mi propia imagen.

- Respeto y amo la verdad y la hago mi fiel compañera. Evito murmurar o juzgar a los otros, pero también me rehúso a criticarme porque sé que todos actuamos de la mejor manera con los elementos que contamos y con nuestro desarrollo evolutivo.

Tips para vivir conscientemente

a) Involucrar todos tus sentidos en la actividad que realizas en este momento.

b) Enumerar tus principales metas y dividirlas por pequeños objetivos para conseguirlas. Cada día checar el avance obtenido en ese sentido.

c) Fijarte el propósito de aprender cada semana algo nuevo que enriquezca tu vida.

d) Aprender un proceso o técnica que tenga aplicación inmediata en tu vida profesional o cotidiana.

e) Leer en lugar de ver televisión.

f) Idear tres maneras de enmendar un error. Discernir y efectuar el más conveniente para ti.

g) Meditar al menos 15 minutos al día.

h) Al negociar, analizar el punto de vista opuesto para que en relación con éste establezcas tu propio punto de vista.

2. Me acepto a mi mismo porque:

- Tengo muy claro cuáles son mis valores, expectativas y deseos.
- Conozco mi cuerpo, emociones, pensamientos y sentimientos.
- Antepongo mi bienestar y consciencia a complacer a alguien más.

Tips para aceptarme a mí mismo:

a) Frecuentemente, ante el espejo, puedo afirmar en voz alta, sin titubear: "Me amo y acepto plenamente. Tengo derecho a existir y a ser feliz".

b) Llenar los espacios vacíos en este cuadro y esforzarme por mantenerme en los que me hacen sentir bien.

EMOCIÓN	FORMA Y COLOR	SONIDO	TEXTURA	OLOR	SABOR
Serenidad					
Júbilo					
Entusiasmo					
Alegría					
Interés					
Conformidad					
Desinterés					
Aburrimiento					
Monotonía					
Antagonismo					
Hostilidad					
Resentimiento					
Ansiedad					
Miedo					
Desesperación					
Terror					

3. **Soy responsable de mi vida porque:**
   - Asumo que la manera como percibo la vida es algo que puedo controlar.
   - La manera de priorizar mi vida sólo a mí me compete.
   - Mis emociones, pensamientos y sentimientos son míos y nadie determina su rumbo.
   - Dentro de mí encuentro la fuente de sabiduría y guía para asumir mis decisiones y actuación en el día a día.

- Juego un papel importante en el desarrollo de los acontecimientos.

Tips para responsabilizarme de mi vida:

a) Pase lo que pase, no culpar a nadie más si las cosas no ocurren como esperamos.

b) De todos los errores, determinar al menos tres maneras de enmendarlos y después de discernir realizar el más conveniente.

c) Planificar cada día para cumplir los objetivos propios.

d) En lugar de añorar el pasado, trabajar en ser feliz y sentirse realizado ahora.

e) Evitar postergar tareas y decisiones.

f) Prever posibles contingencias para tener no sólo un plan B, sino un C y un D.

g) Reconocer que los principios son personales y no son negociables por nada ni nadie.

4. Me autoafirmo porque:

- Fijo mis propias metas y objetivos. No estoy supeditado a lo que los demás esperan de mí.
- Suelo sustentar de manera coherente mis opiniones.
- Puedo cuestionar los juicios de otros y mostrar mi discrepancia.
- Me interesa ser fiel a mí mismo antes de "quedar bien" con una persona o grupo.

- Es fácil para mí mostrar mi desacuerdo con una persona de autoridad.
- Evito "seguir la corriente" a cualquier persona, grupo o institución.

Tips de autoafirmación:

a) Enlistar los valores y principios con los que concuerdas y te identificas.

b) Enlistar tus principales habilidades, competencias y dones.

c) Evitar darle la razón a los demás sistemáticamente.

d) Reclamar la falta de atención o cortesía a un interlocutor.

e) Presentar una queja formal si el bien o servicio adquirido no cumplen especificaciones prometidas e incluso solicitar la devolución del dinero.

f) Defender tu punto de vista e incluso desacuerdo con la autoridad o una persona de mayor rango jerárquico.

5. Vivo con un propósito porque:

- Poseo habilidades, capacidades y dones que tienen una finalidad específica de servicio.
- Todos los días avanzo en el logro de mis principales objetivos.
- Suelo cuidar todos los detalles de un trabajo. Me niego a dejar resultados al azar y así preveo esce-

narios de desarrollo y actuación para que las cosas realmente ocurran.

- Soy persistente en el logro de mis metas.
- Visualizo las interferencias como oportunidades para crecer.
- Sé que estoy en esta vida para cumplir una misión especial que sólo yo puedo hacer. La felicidad es una brújula que me guía hacia aquello que debo hacer.
- Todas mis acciones y pensamientos están alineados a mis metas para no desperdigar inútilmente mi energía.
- Tengo la certeza de que el amor y el trabajo son fuentes inagotables para darle sentido a mi vida.

Tips para vivir con propósito:

a) Tener claras mis competencias en diferentes áreas.

b) Equilibrar todas las facetas de mi vida para que exista congruencia en cada una de ellas. No puede desestimarse una a favor de otra.

c) Perfeccionar habilidades mediante la práctica, actualización y aprendizaje continuo.

d) Llevar una bitácora de logros y renovar de manera sistemática metas y objetivos a corto, mediano y largo plazo.

6. Vivo con integridad porque:

- Existe congruencia entre mis valores y acciones.
- Mi actuación la rijo con base en mis convicciones y principios.
- Cumplo mis promesas.
- Nunca critico o censuro las acciones de otros.
- Evito emitir juicios.
- No trato de quedar bien con otros comprometiendo mis propias percepciones.
- Es congruente mi forma de pensar y actuar.
- Reconozco mi palabra como depositaria de un enorme poder personal.

Tips para vivir con integridad:

a) Realizar un listado de valores en los que creo y me comprometo.

b) Ante una disyuntiva, los valores propios son los que determinan las acciones a emprender.

c) Cumplir las promesas de forma sistemática aunque "no tengan importancia".

d) Rehusar participar en chismorreo o intrigas.

e) Reconocer abiertamente cuando ignoro algo.

f) Evitar "seguir la corriente" o "darle por su lado" a otros.

g) Ser capaz de mostrar desacuerdo a decisiones y acciones de un grupo o autoridad.

El sortilegio es optimismo

Si la autoestima actúa principalmente con la primera torre del castillo, el cuerpo-materia, el optimismo es un sortilegio que involucra al alma-mente.

El siguiente es el párrafo inicial de una novela de Charles Dickens:

"Era el mejor de los tiempos, era el peor de los tiempos, la edad de la sabiduría, y también de la locura; la época de las creencias y de la incredulidad; la era de la luz y de las tinieblas; la primavera de la esperanza y el invierno de la desesperación. Todo lo poseíamos, pero no teníamos nada; caminábamos en derechura al cielo y nos extraviábamos por el camino opuesto. En una palabra, aquella época era tan parecida a la actual, que nuestras más notables autoridades insisten en que, tanto en lo que se refiere al bien como al mal, sólo es aceptable la comparación en grado superlativo."

La "historia de dos ciudades" muestra la dualidad de luz y oscuridad: positivo y negativo. Tere Flores, una sabia amiga, insiste en que la dicotomía está presente en todo "y el mismo trabajo te cuesta ver lo bueno que lo malo". Con esa perspectiva recuerdo un cuento mexicano:

"La mañana del día de reyes dos hermanos buscan afanosamente sus regalos y no encuentran sino un poco de heno. El hermano optimista refiere lleno de alegría:

—¡Un caballo!, los Santos Reyes nos trajeron un caballo. En verdad es un gran regalo. Hermano, vamos a buscarlo.

El hermano pesimista se queda mirándolo muy triste y dice:

—¡Pobres de nosotros! Nos trajeron un caballo que nos puede tirar, lastimarnos seriamente la columna y dejarnos paralíticos… entonces ya nunca podremos ir al campo a montar…"

Pero, ¿qué determina que seamos o no optimistas?

El psicólogo e investigador Martin Seligman, quien afirma que las personas pueden dividirse en dos grupos, las que llevan escrito un "sí" y las que tienen un "no" en su interior, menciona que esta característica está determinada por herencia y experiencias tempranas, pero existe la posibilidad, incluso en etapas maduras, de aprender a escribir otra palabra en nuestro interior. ¡Podemos aprender a ser felices!

Algunas características de las personas felices son:

- Valoran la felicidad como algo positivo.
- Se dan cuenta de que son felices o que viven momentos felices, los llamen o no con ese nombre.
- Se empeñan en una búsqueda activa de su felicidad.
- Suelen realizar las pequeñas cosas que disfrutan: ver amigos, dar una caminata pausada, tomar agua de limón, cantar, sonreír…
- Tienen el impulso y deseo natural de cosas posibles.
- Creen que las cosas esenciales para la felicidad son sencillas.

- Sus actividades cotidianas tienen un sentido.
- Evitan el foco en sí mismos y tienen objetivos más altos.
- Cooperan con los demás. Consideran que el logro es de la humanidad y no de un ser individual.
- Evitan aislarse.
- Son realistas.

Los anteriores son las conclusiones que sobre la psicología de la felicidad han obtenido los expertos. Sin embargo, ésta es la lista de consejos que han realizado diversos amigos felices a lo largo del tiempo y les ha funcionado:

- Sé tan fuerte que nada turbe la paz de tu mente. Si hay algo que puedas hacer para mejorar o cambiar diametralmente tal realidad, hazlo. De no ser así, trata de encontrar algo positivo de esa situación. Jacinta Francisco Marcial, una indígena mexicana de 46 años de edad, condenada injustamente por secuestro de seis agentes federales, al salir de la cárcel tres años después, cuando las autoridades reconocieron que no existían elementos para condenarla, reconoció: "no pensaré en el tiempo que estuve ahí (en la cárcel). Mejor voy a vivir feliz porque puedo vivir con mi familia sin estar enrejada como un pájaro. Yo ya sé lo que es la libertad"
- Habla a todos de salud, felicidad, vida, prosperidad y dicha. Tendemos a privilegiar esta información sobre

aquella que nos genera miedo, incertidumbre o creencias negativas acerca de los otros. Un ejemplo de esto es *The Reader's Digest Association, Inc.*, cuya revista mensual se publica en 48 ediciones, 19 idiomas y se vende en más de 60 países desde hace más de 60 años. Su misión es inspirar y enriquecer a los seres humanos.

- Mira siempre el lado positivo de las cosas, y haz que tu optimismo se realice. Trabaja para que las cosas ocurran. Walt Disney decía que para lograr primero debes imaginar, pero una vez que se tiene un sueño, se tiene que trabajar y trabajar hasta hacerlo realidad.

- Piensa sólo lo mejor, trabaja sólo por lo mejor, y espera sólo lo mejor. Eso es magia cotidiana que resulta, dice Bill Gates, considerado por *Forbes* el hombre más rico del mundo, y que cotidianamente financia proyectos altruistas y autosustentables a nivel mundial.

- Sé entusiasta del éxito de tu amigo como si se tratara de tu propio éxito, y ayuda en lo que puedas al que veas frustrado. Dale Carnegie, una autoridad en el arte de hacer amigos, parte de la idea de que todos pueden ser nuestros amigos, así que "benefíciate de la felicidad del vecino y ayuda a todo el que puedas a ser feliz también, para que en esa labor altruista también tú lo seas".

- Sonríe siempre y que tu sonrisa sea para todos. La felicidad es contagiosa y el fingir ser feliz logra que lo seas realmente. El Papa más carismático de la historia, Juan

Pablo II, generaba un gran acercamiento con todos gracias a su amabilidad y sonrisa.

- Dedica todo el tiempo a tu adelanto personal, que no te quede un momento para encontrar defectos en los demás. La golfista mexicana Lorena Ochoa, quien ha obtenido diferentes trofeos a lo largo de su carrera, cuando la interrogan sobre el juego de sus adversarias en el campo, suele responder "realmente me concentro en superar mis propias marcas".

Los optimistas tienen siete características comunes:

1. Creen en sí mismos.

   Herb True dijo: "Muchas personas tienen éxito cuando otros no creen en ellas. Pero muy rara vez una persona que no cree en sí misma alcanza el éxito". La primera característica de una persona con una buena actitud es que piensa positivamente en su valor personal. Cuando cree en sí misma, es libre para verse bajo una luz objetiva y enfocarse en mejorar y alcanzar su potencial. Su imagen positiva es el pasaporte para el éxito en la vida.

   Para adquirir esta característica:

   a) Enlista al menos diez cualidades positivas que tengas como ser humano.

   b) Enlista al menos diez cualidades positivas que poseas en el trabajo.

c) Enlista al menos diez cualidades positivas que desarrolles (o desarrollaste) como hijo.

d) Enlista al menos diez cualidades positivas que ejerces como mentor (padre, maestro, guía, cuidador, tío...).

e) Enlista al menos diez cualidades positivas que desarrolles como estudiante o aprendiz.

f) Enlista al menos diez cualidades positivas que desarrolles como amigo y pareja.

g) Piensa detenidamente en los episodios de tu vida en que fuiste reconocido y admirado. ¿Qué acciones concretas realizaste?, ¿identificas en esto el empleo de tus competencias, habilidades y dones?, ¿trabajas cotidianamente en actividades similares?

2. Están dispuestos a ver lo mejor en los demás.

Nunca he conocido a una persona positiva que no aprecie a las personas y trate de ver lo bueno en ellas. Todos tenemos expectativas de los demás, pero podemos decidir si las expectativas serán positivas o negativas. Si constantemente esperas ver cosas buenas en otros, es mucho más fácil tener una actitud positiva. Si los tratas positivamente, la tendencia es que lo tratarán de la misma manera. Para adquirir esta característica:

a) Enlista las características que más admiras en lo general y descubre cuáles de los miembros de tu familia las poseen.

b) Determina quiénes de las personas que tratas cotidianamente tienen estas características:

Alegre	Estudioso	Obediente
Alerta	Extrovertido	Observador
Amable	Feliz	Oportuno
Amigable	Ferviente	Optimista
Amoroso	Fiel	Osado
Analista	Firme	Paciente
Atento	Fuerte	Parco
Atrevido	Generoso	Perspicaz
Atlético	Honrado	Planificador
Autárquico	Humilde	Positivo
Balanceado	Instruido	Proveedor
Bondadoso	Intuitivo	Prudente
Cariñoso	Jocoso	Puntual
Compasivo	Jovial	Realista
Acomedido	Juguetón	Respetuoso
Consciente	Justo	Responsable
Considerado	Laborioso	Risueño
Cortés	Leal	Romántico
Cuidadoso	Líder	Sagaz
Culto	Liviano	Sensible
Cumplido	Magnánimo	Trabajador
Dadivoso	Mesurado	Valiente
Detallista	Meticuloso	Veraz
Diestro	Moral	Versátil
Ecuánime	Natural	Visionario

3. Pueden ver oportunidades dondequiera.

Así como las abejas extraen miel del tomillo, la más fuerte y seca de las hierbas, las personas positivas ven oportunidades en cualquier circunstancia y entienden que la oportunidad se busca para encontrarla en las situaciones más caóticas y complejas.

Para adquirir esta característica:

a) De cualquier problema localiza lo positivo que puede generar a cada una de las partes involucradas.

b) Involúcrate en actividades de mejora a tu comunidad o sociedades altruistas.

4. Se enfocan en las soluciones.

La persona positiva ve una solución ante cada problema y una posibilidad en cada imposible.

Para adquirir esta característica:

a) Ofrece al menos tres soluciones viables a un problema determinado que te atañe y en el que puedas participar activamente.

5. Desean dar.

Dar es el más elevado nivel de vida. Mientras más da la persona, mejor es su actitud. La diferencia no está en lo que tienes, está en lo que haces con lo que posees.

Para adquirir esta característica:

a) Dona la ropa que ya no utilices pero que esté en buenas condiciones a tu parroquia o iglesia cercana.

b) Colabora en un programa específico de un Club Rotario.

c) Intégrate como voluntario(a) a una organización de ayuda social.

d) Participa en una campaña política.

e) Ofrécete como orador(a) en un club de ayuda.

6. Persistencia.

Los sueños que se hacen realidad son el resultado de personas que se aferraron a sus ambiciones. Se negaron a desanimarse. No permitieron que el desaliento les pusiera la mano encima. Los desafíos sólo los estimularon a un mayor esfuerzo. Cuando tienes una actitud positiva, es más fácil ser persistente. Si piensas que el éxito está a la vuelta de la esquina, sigue adelante. Cuando crees que todo obra para bien, no te importará una pequeña incomodidad. Y cuando todo se desbarata, si persistes y tienes una actitud positiva, la ayuda para lograr tus fines ya viene en camino. Para adquirir esta característica:

a) Trázate al menos tres metas cada semana y trabaja todos los días en consolidarlas.

b) Busca diferentes rutas para llegar a tus metas. Si no funciona una, prueba con la segunda o tercera.

c) Asesórate convenientemente por expertos. No temas buscar ayuda.

d) Insiste y persiste hasta lograr un sí en lo que quieres.

7. Responsabilidad por tu vida.

Una persona de éxito entiende que nada positivo ocurre si no está dispuesto a dar un paso adelante y asumir plena responsabilidad por sus pensamientos y acciones. Sólo cuando seas responsable por ti mismo puedes mirarte con honestidad, evaluar tus puntos fuertes y débiles, y comenzar a cambiar.

Para adquirir esta característica:

a) Presta mucha atención a tus pensamientos y cómo influyen en tus acciones.

b) Fíjate qué desencadena tus principales emociones.

c) Toma el hábito de escuchar atentamente. Incluso anota las ideas principales.

d) Ante los errores, determina cómo puedes evitarlos en ocasiones ulteriores.

e) Cuando algo falle, busca al menos dos planes alternos para salir adelante.

f) Cronograma las horas al día en que eres más productivo para determinadas actividades.

g) Lleva una agenda y cúmplela al menos en 95 por ciento cada día.

LOS DONES DEL VERDADERO PODER

El espíritu no busca antídotos para neutralizar lo erróneo como ocurre en el cuerpo o materia. Tampoco precisa de las sutilezas de un sortilegio para permear el alma y la mente y develar los secretos de las emociones, pensamientos y sentimientos. El espíritu habla de dones. Así inicia la danza fantástica del poder verdadero.

Bertrand Rusell, filósofo, matemático y Premio Nobel de Literatura, en su libro *La conquista de la felicidad*, refiere que uno de los tipos de personas que buscan férreamente la felicidad sin lograrlo son los megalómanos o incesantes buscadores de poder.

En la cultura occidental se le atribuye un papel protagónico al reconocimiento y la competencia como fuentes de felicidad. De manera simultánea, la serenidad del disfrute se desdeña en pos de mayor excitación. De forma paralela, las presiones externas generan preocupación, que es una forma de miedo, y por ello produce fatiga, asegura Rusell.

Ésta es la realidad genérica del ser humano "cincosensorial", aquel que ha olvidado que también está integrado por almamente y espíritu. Entonces restringe su mundo a la inmediatez y materialidad. "Antes un caballero gustaba de disfrutar una pintura… hoy busca tener una envidiable colección para que las obras no las tengan los demás", ejemplifica Rusell.

En el medio material, que llamamos cuerpo o primera torre o nivel del castillo, rige la supervivencia física de los más aptos. Así, la base de la vida se convierte en temor. Gary Zukav, una autoridad en física cuántica, refiere: "la necesidad de dominación física produce una clase de competencia que afecta a cada aspecto de nuestras vidas. Afecta a las relaciones entre amantes y entre superpotencias, entre parientes y entre razas, entre clases sociales y entre sexos. Quiebra la armonía entre naciones y entre amigos". Aparece entonces una lucha para mantener el poder de unos sobre otros.

Aquí aparece una palabra clave: poder. Para el ser "cincosensorial" el poder es controlar al medio. Se puede sentir, oler, probar, oír o ver. Se trata de un poder externo que, como tal, se puede comprar, vender, transferir o heredar. Lo puedes arrebatar. Este poder externo lo visualizamos como algo que alguien pierde y otro más gana. Es una "cosa". Una cosa que pertenece a una minoría y la mayoría le sirve. La mayoría son víctimas.

Dinero, educación, posición social, fama, objetos de los que somos propietarios y si de ellos derivamos un aumento en la seguridad, son símbolos de poder externo. "Cualquier cosa que temamos perder —ya sea una casa, un coche, un cuerpo atractivo, una mente despierta o una creencia profunda— es símbolo de poder externo".

Pero esa percepción del poder como algo externo sólo produce dolor, violencia y destrucción. En cambio, "nuestro entendimiento más profundo nos conduce a otra clase de poder, un poder que ama la vida en cualquier forma que esta se nos muestre, un poder que no juzga lo que se le presenta, un poder que percibe lo significativo y las intenciones hasta el más ínfimo detalle sobre la tierra. Éste es el auténtico poder. Al sintonizar nuestros pensamientos, acciones y emociones con la parte más elevada de nosotros mismos, nos llenamos de entusiasmo, de objetivos y de sentido", refiere Zukav en el bellísimo libro *El lugar del alma*.

En este libro el también autor de *The Dancing Wu Li Masters* o biblia de la nueva física, asegura que "desde la percepción del ser humano "cincosensorial" nos encontramos solos en el Universo físico. Desde la percepción del ser humano multisensorial, nunca estaremos solos, y el Universo está vivo, es consciente, inteligente y misericordioso".

Así la humildad, el perdón, la claridad y el amor conforman al verdadero poder. Cuando una persona decide que sea su espíritu el que rija su vida, es cuando obtiene el verdadero poder.

Si en el poder externo existe una lucha que ganan los más aptos y sojuzgan al débil, el verdadero poder proclama el respeto. Es decir, es un compromiso con la vida, es reconocer la esencia de cada ser y cada objeto, es ver más allá de lo superficial e inmediato, es reconocer la divinidad en ellos. Una persona es respetuosa cuando acepta el principio de sacralidad de la vida.

El verdadero poder ama la verdad. Y verdad es aquello que no te contamina, sino que te enriquece. Y a medida que brillas con mayor intensidad, cuando tu luz y tu energía aumentan a cada decisión responsable que tomas, lo mismo le sucede a tu mundo.

En una cultura donde prevalece la noción de lucha continua, nos hemos acostumbrado a que exista una confrontación de buenos contra malos. De hecho, sobre ese eje temático se construyen todas las caricaturas y gran parte de las películas occidentales manejan tal maniqueísmo. Con esa noción tan arraigada, es factible imaginar que, como ocurre en los cuentos, ganen los buenos. Estudios de física cuántica lo avalan, pues si sólo el 10% de tus pensamientos deciden que te inclines por una dieta más sana, "el universo conspira a favor de esa idea" y misteriosamente cumples ese objetivo sobre tus impulsos a ingerir alimento "chatarra".

Y es que no estamos solos. El Universo es un ser inteligente y misericordioso alerta a cualquier tipo de ayuda que podamos pedir.

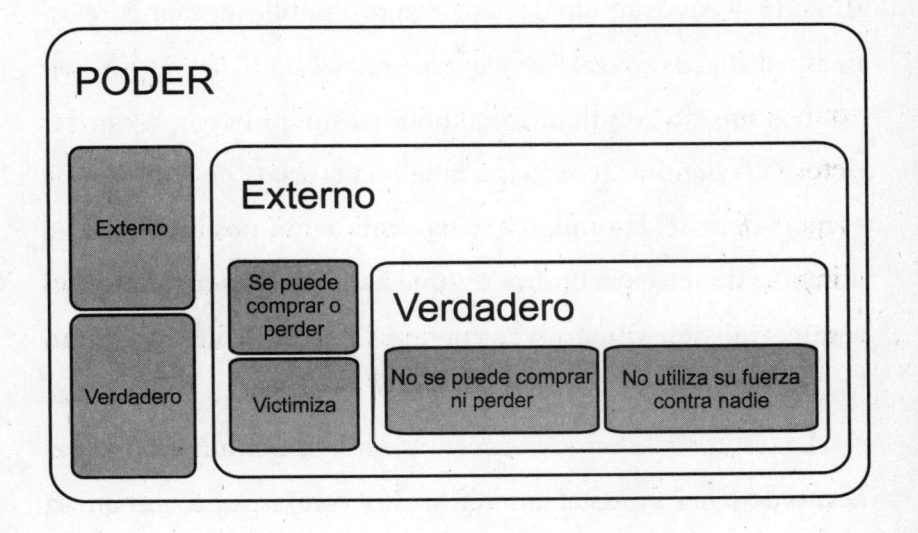

La espiritualidad guía al poder verdadero. Y no sólo eso: ayuda a que los niños sean más felices, señalan los resultados de un estudio realizado con más de 760 niños de colegios religiosos y públicos. La razón: la espiritualidad, considerada como un sistema interno de creencias, produce el sentimiento de vivir con un sentido, estimula la esperanza, refuerza las normas sociales positivas, y proporciona una red social de apoyo, todos ellos elementos que mejoran el bienestar personal. Estos resultados hacen pensar en la necesidad de estrategias destinadas a proporcionar a los niños una educación espiritual, a inculcarles actitudes hacia los demás como la amabilidad o el altruismo. Porque, en definitiva, la gente feliz es más tolerante, creativa y productiva, según los científicos.

Un estudio realizado por los científicos Mark Holder, Ben Coleman y Judi Wallace, de la Universidad de Columbia, en Canadá, y cuyos resultados aparecieron publicados en la revista especializada *Journal of Happiness Studies*.

Los mismos resultados apuntaron, sin embargo, a que las prácticas religiosas (como ir a la iglesia o rezar) no influyen en el nivel de felicidad infantil. Una explicación posible para esta ausencia de relación podría ser que los padres, y no los niños, son los que determinan la frecuencia de estos hábitos, explican los investigadores.

La espiritualidad, entonces, podría describirse como el hecho de tener un sistema interior de creencias, mientras que la religiosidad es una actividad más organizada y externa, que puede estar basada en una iglesia o en prácticas y rituales.

Hay quien encuentra su espiritualidad en la religión y hay quien la halla en el camino cotidiano al observar la magnificencia de una roca. Así, la religión que abraces no importa, pues será tu espiritualidad la que te conduzca al poder verdadero que impide que te toque la ilusión.

La ilusión o distorsión de la percepción, sólo tiene poder sobre ti cuando tienes miedo, odio, pena o cólera. Eres invulnerable cuando amas, cuando eres comprensivo, misericordioso y creativo. La ilusión no tiene poder sobre quien se alinea a su espíritu. Entonces los deseos, impulsos y valores del cuerpo-materia se desvanecen. Impera el espíritu. Rige entonces el verdadero poder al que los dragones internos protegen. Que todas las bendiciones de todos los hombres en todas las lenguas sean para ti.

Los duendes

Los duendes son seres elementales que suelen prestar diversos servicios para que los humanos conozcan más. Así, ellos elaboraron un listado de los libros en los que puedes obtener más información sobre tus dragones internos y los antídotos, sortilegios y dones.

Cyr, M-F., *¿Verdad o mentira? Los cuatro códigos para detectar el engaño*. Paidós. 2005.

J. Le Goff, entrevista en V.V.A.A., en "Los tiempos del presente", Valladolid. Cuatro. pp. 60-61. 2000

Hipona, Agustín de Obras, Madrid BAC, 1954 pp. (*Sobre la mentira y contra la mentira*, 527-607.)

Martínez Selva, J.M., *La Psicología de la Mentira*. Paidós. 2005.

Yaling Yang; Adrian Raine; Todd Lencz; Susan Bihrle; Lori Lacasse; Patrick Colletti, Materia blanca prefrontal en los mentirosos patológicos. (Prefrontal white matter in pathological liars.) *British journal of psychiatry.* oct. 187:320-325. 2005.

Porcel Medina, Manuel y Rubén González Fernández Departamento de Orientación Laboral de la Unión General de Trabajadores. Centro Privado de Atención Psicológica "El engaño y la mentira en los trastornos psicológicos y sus tratamientos. *Infocop, Papeles del Psicólogo*, 2005. Vol. 26, pp. 109-114

Goleman, D. *El Punto Ciego. Psicología del Autoengaño*. Plaza & Janés. 1997.

Sirvent Ruiz, Carlos. "Autoengaño y adicción". *Revista Norte de Salud Mental*. Bizcaia. Núm. 26, pp 39-49. Noviembre 2006.

Erasmo, "El epicúreo", Barcelona, Salvat. 1986. pp. 223-229.

Catalán, M. *El prestigio de la lejanía*, Barcelona, Ronsel, 2001.

Bettetini, M. *Breve Historia de la Mentira. De Ulises a Pinocho*. Cátedra. Colección Teorema. 2002.

Cardano, G. *et al. Sobre la mentira*. Cuatro Ediciones. 2001.

Catalán, M. *Antropología de la mentira*. Del Taller de Mario Muchnik, 2005.

Maslach C, Pines A. "Burnout: The Loss of Human Caring". In: Pines A, Maslach C, editors. *Experiencing Social Psychology*. New York: AA Knopf, 1979. pp. 246-52.

Maslach C, Jackson SE. MBI. *Inventario burnout de Maslach. Síndrome del «quemado» por estrés laboral asistencial.* Publicaciones de Psicología Aplicada. Serie menor, núm. 211. Madrid: TEA Ediciones, 1997.

De la Fuente L., De la Fuente E. *Burnout y satisfacción laboral. Indicadores de salud laboral en el ámbito sanitario.* Clínica y Salud 1997;8:481-94

Anónimo. *Burnished or Burn-Out: The Delights and Dangers of Working in Health* [editorial]. Lancet 1994; 344:1583-4.

Cebrià J, Segura J, Corbella S, Sos P., Comas O., García M., et al. *Rasgos de personalidad y burnout en médicos de familia.* Aten Primaria. 2001;27:459-68.

Thomson S. *Stress and the Female Doctor.* Occup Health. 1995. pp. 344-345.

Byone G. *Stress in Women Doctors.* Br J Hosp Med 1994; 51:267-8.

Olivar C, González S, Martínez MM. *Factores relacionados con la satisfacción laboral y el desgaste profesional en los médicos de atención primaria de Asturias.* Aten Primaria 1999; 24:352.

Orozco P., García E. *Factores que influyen en el nivel de cansancio laboral de los médicos de atención primaria.* Aten Primaria 1993;12:135-8.

Mira J., Vitaller J., Buil J. *Satisfacción y estrés laboral en médicos generalistas del sistema público de salud.* Aten Primaria 1994;14:1135-40.

Luecken L., Edward C. *Stress in Employed Women: Impact of Marital Status and Children at Home on Neurohormone Output and Home Strain.* Psychosomat Med 1997;59:352-9.

Swanson V., Power K., Simpson R. *Occupational Stress and Family Life. A Comparison of Male and Female Doctors.* J Occupation Organization Psychol 1998; 71:237-60.

Artázcoz L., Cruz J.L., Moncada S., Sánchez A. *Estrés y tensión laboral en enfermeras y auxiliares de clínica de hospital.* Gac Sanit 1996;10:282-92.

Fernández G. *Satisfacción laboral y salud psíquica en el mundo sanitario, ¿un lujo?* Todo Hospital 1995;118:29-36.

Gil-Monte P.R., Peiró J.M., Valcárcel P., Gran R. *La incidencia del síndrome de burnout sobre la salud: un estudio correlacional en profesionales de enfermería.* Psiquis 1996;17: 190-

Caballero M.A., Bermejo F., Nieto R., Caballero F. *Prevalencia y factores asociados al burnout en un área de salud.* Aten Primaria 2001; 27:313-7.

Reime B., Steiner I. *Burned-Out or Depressive? An Empirical Study Regarding the Construct Validity of Burnout in Contrast to Depression.* Psychoter Psychosom Med Psychol 2001;51: 304.

Belloch S.L., Renovell V., Calabuig J.R., Gómez L. *Síndrome de agotamiento profesional en médicos residentes de especialidades médicas hospitalarias.* An Med Interna 2000;17:118-22.

Bustinza A., López-Herce J., Carrillo A., Vigil M.D., De Lucas N., Panadero E. *Situación de burnout de los pediatras intensivistas españoles.* An Esp Pediatr 2000; 52:418-23.

Hidalgo I., Díaz R.J. *Estudio de la influencia de los factores laborales y sociodemográficos en el desarrollo del síndrome de agotamiento profesional en el área de medicina especializada del Insalud de Ávila.* Med Clin (Barc) 1994;103: 408-12.

Hall L. *Burnout: Results of an Empirical Study of New Zealand Nurses.* Contemp Nurse 2001; 11:71-83.

Chen S.M., McMurray A. *Burnout in intensive care nurses.* J Nurs Res 2001;9:152-64

Campbell D.A., Sonnad S.S., Eckhauser F.E., Campbell K.K., Greenfield L.J. *Burnout among American Surgeons.* Surgery 2001;130:696-702.

Thommasen H.V., Lavanchy M., Connelly I., Berkowitz J., Grzybowski S. *Mental Health, Job, Satisfaction, and Intention to Relocate. Opinions of Physicioans in Rural British Columbia.* Can Fam Physician 2001; 47:737-44.

Bohle A., Baumgartel M., Gotz M.L., Muller E.H., Jocham D. *Burn-Out of Urologists in the Country of Schleswig-Holstein, Germany: A Comparison of Hospital and Private Practice Urologists.* J Urol 2001; 165:1158-61.

Lert F., Chastang J.F., Castano I. *Psychological Stress Among Hospital Doctors Caring for HIV Patients in the Late Nineties.* AIDS Care 2001; 13:763-78.

Brown, K. W. & Ryan, R. M. (2003). *The benefits of Being Present: Mindfulness and its Role in Psychological Well-Being.* Journal of Personality and Social Psychology, 84, 822-848.

Neff, K. D. (2003). *Self-Compassion: An Alternative Conceptualization of a Healthy Attitude Toward Oneself.* Self and Identity, 2, 85-102.

Neff, K. D., & Rude, S.S., & Kirkpatrick, K. (2007). *An Examination of Self-Compassion in Relation to Positive Psychological Functioning and Personality Traits.* Journal of Research in Personality, 41, 908-916.

Tenzin Gyatso. *The Fourteenth Dalai Lama: Compassion and the Individual.*

Leary, M.R., Tate, E.B., Adams, C.E., Allen, A.B. & Hancock, J. (2007). *Self-Compassion and Reactions to Unpleasant Self-Relevant Events: The Implications of Treating Oneself Kindly.* Journal of Personality and Social Psychology, 92, 887-904.

Brown, K. W. & Ryan, R.M. (2003). *The Benefits of Being Present: Mindfulness and Its Role in Psychological Well-Being.* Journal of Personality and Social Psychology, 84, 822-848.

Sogyal Rinpoche: *El libro Tibetano de vida y muerte.* Paidós.

Emile Durkheim, Suicide, Routledge and Kegan Paul, 1970, Hay versión en castellano.

Diario, La Tercera, 8 de octubre de 1998 y 10 de abril de 1999.

Michel Legran, El Socio Psicoanálisis, Poder y Autoridad. CIDE-PIIE, 1989.

Light, Keller y Colhoum, Sociología, Pág. 19

Peter Berger, "Modernidad y crisis de sentido", *El Mercurio,* 17.11.1996.

Peter Berger, *Para una teoría sociológica de la religión,* Kairós, 1967, p. 40.

Pedro Retamal, *Depresión,* Editorial Universitaria, Santiago, 1999.

Armando Roa. *Modernidad y postmodernidad, Coincidencias y diferencias fundamentales.* Editorial Andrés Bello, 1995.

Caffray, C. & Schneider, S. (2000). *Why do They do It? Affective Motivators in Adolescents' Decisiones to Participate in Risk Behaviours. Cognition and Emotion.* Vol 14, 4, pp. 543-576.

Canales, I. & Perich, M. (2000). *Las emociones en la práctica de las actividades físicas en la naturaleza.* Revista Digital Buenos Aires. Año 5. Núm. 23. Julio 2000 http://www. efdeportes.com/

Enciclopedia del Cuerpo Humano: Miedo. Discovery Channel. Video.

Feldman, R. (1998). *Introducción a la psicología.* 3ª ed. México Mc Graw Hill Interamerican Eds.

Gabriele, J. (1999). "Buscando Adrenalina". *Revista Futuro.* Facultad de Ciencias Sociales, Universidad Buenos Aires.

Grings, W. & Dawson, M. (1978) *Individual Differences and Bodily Responses. Emotions and Bodily Responses.* Academic Press.

Keirsey, D. (1997). El *Temperamento Dionisiaco* (SP) Personality: Character and Temperament. http://www.keirsey.com/

Las emociones fuertes y la adrenalina. Salud y Estética. www. saludyestetica.com

Leroux, J. (1998). *Vacaciones de alto riesgo... y contenido.* Revista Diván Especial. Julio, 1998.

Magai, C. & McFadden, S. (1996). *Psychosocial Perspectives on Emotiones.* Handbook of Emotion, Adult Development and Aging. Academic Press.

Peabody, E. *Extreme Gene, high sensations seeking. The temple of the sacdred horse.* http://www.calpoly.edu/~epeabody/temple.html

Sutton, A. & Rotunda, J. (1998). *What's in a Name?: Sensation Seeking, Novelty Seeking, and Thrill Seeking.* Department of Psychology, University of West Florida. http://www.cs.uwf.edu/

Zuckerman, M. (1979). *Sensation Seeking: Beyond the Optimal Level of Arousal.* Hillsdale, N.J.: Erlbaum.

El legado dracónico, de Ivette Estrada
se terminó de imprimir en febrero de 2010 en
Worldcolor Querétaro, S.A. de C.V.
Fracc. Agro Industrial La Cruz
El Marqués, Querétaro
México